私立中学・高校 生活指導の法律相談

教育現場と法の対話

八塚憲郎・山崎哲央・横松昌典 編著

旬報社

はじめに

全国の学校現場では、人間関係の日常的なトラブル、いじめ、暴力をともなうケンカなどさまざま問題が起こっている。

中学・高校という「思春期」に生き、今の時代を呼吸している生徒たちの主要な舞台は、間違いなく学校での生活だろう。その舞台での人間関係を「力」を込めて、取り結ぼうとしているからこそ、こうした問題が起きるのだといってよいかもしれない。「無菌」状態にある学校があるはずもなく、学校もまた時代に大きく影響を受けている。子どもから最初に悪くなる社会などないことを、私たちはかみしめる必要があるだろう。

近年の家庭や地域の教育力の変化にともない、学校への「教育・しつけ依存」が以前に増して高まっているように感じられることがある。それは、学校教育への社会からの期待感の表れには違いないのだが、中には常識をはるかに超えるような「苦情電話」の対応に苦慮していることも、全国の学校が直面している現実なのだ。

もちろんそういう時代だからこそ、教育現場に寄せられる社会からの期待の中身を吟味し、「問題」行動を起こしてしまう生徒への本質的な理解と、その対応を根本的に考える〈哲学〉が、学校現場に鋭く問われているのだろう。

本書は、学校現場に身をおいている人間として、日常の生活指導をめぐる「法的な対応」について、法律の専門家の助けを借りながら明らかにすることを目的にしている。

なぜ、法的な対応にこだわったのか。これまでの学校法律相談書の多くは、学校や教員の責任の内容がかなり抽象的に書かれており、しかも最近の学校が感じている問題意識とすれ違う部分もあるように思えたからだ。

また、その対象も公立学校が中心であり、私立学校に絞った本は少なかったのではないだろうか。本文でも触れるが、公立学校の教員は国家賠償法第一条の適用を受け、たとえば学校内での事故等が起こった場合の責任は教育委員会が担い、原則的に教員が直接責任を負うことはない。しかし、私立学校の教員は、在学契約関係に基づいて民法を根拠とした安全配慮義務違反として、学校法人だけが責任追及の対象となるだけでなく、教員個人にも直接責任が及んでくる。

こうした私学の特徴も踏まえたうえで、本書では、現場教員の問題意識を材料に、法的責任とその対応メニューをなるべく具体的な内容にかみくだきながら検討を加えている。それによって、生徒の権利がさらに適正に守られることに役立てばと考えている。

このことは同時に、現場の教員や教育管理職、そして学校法人にとっても、安心して教育活動を展開していくことにつながるのではないだろうか。

本書は、大きく二部構成を取っている。まず第一部の最初を、思春期に生きる生徒の問題行動へのとらえ方と、この時期の生活指導をどのように考えていくかという学校現場の文章からスタートしている。後半は、おそらくどの学校でも問題となる共通テーマとして「SNSをはじめとしたインターネットをめぐる問題」「いじめ問題」「学校近隣への対応」「生徒の特別指導」「学校事故をめぐる対応」の五つに絞ってみた。そして、この五テーマに関して、最近の現場の問題意識にマッチすると思われるポイントを、いくつかの文献などを活用しながら、私の方でごく簡単に〈教育の眼〉という形にまとめた。それを一つの手がかりにしながら学校の具体的な対応を、法律家との対話を通じて少しでも明らかにすることを意図している。

第二部では、全国の学校の内外で起こりうる生徒の生活上の問題を、普段はあまり起こらないようなケースも視野に入れ、その法的対応を考えてみた。分量の関係もありQ&A形式にはしているが、こちらの方も現場教員の問題意識と法律家とのすり合わせを踏まえたうえで構成している。

最後に、主な執筆メンバーについて簡単に紹介しておこう。

横松昌典氏は、大学時代のボランティア・サークルで一緒に活動した親友の一人である。近年は、弁護士会での成年後見制度を検討する中心者として活動してきた。

第二部の担当者も含めて、それ以外の五名の法律家の方々は、海城学園の卒業生であり、私のつたない授業の中で共に学びあった仲間である。

山崎哲央氏は、企業法務を中心とする弁護士業をやりながら、いくつかの大学やロー・スクールでも教鞭をとってきた。海城学園の法律アドバイザーの一人でもある。

また、第二部の冒頭を担当してくれた藤原家康氏は、時々出演するクイズ番組やワイドショーのコメンテーターでおなじみかもしれない。彼の高校時代のことだが、「現代社会」の授業で実施した模擬裁判で、弁護士役として教室内をまるで俳優のように歩き回っていた姿が思い出される。

本書は、なるべく難解な法律用語を使わずに、少しでもわかりやすくするために、編集上の観点から、私の責任で改めて大きく手を加えている。その点をご了解いただいた執筆者の皆さんには、記して感謝申し上げたい。こうした本書の性格上、引用・参考文献については、煩雑さを避けるために必要最小限にとどめることにした。ご寛恕を賜りたい。なお、内容上の最終アドバイザーとして、横松氏と山崎氏には編者にも加わっていただいた。

本書が、生徒や保護者、近隣の方々と学校との関係を再考する材料として、また、日々、現場に立ち続ける教員、教育管理職、学校法人の教育活動をさらに励ます力として、ほんの少しでも役立つことができれば、望外の幸せである。

八塚憲郎

目次

第2部 Q&A 学校内外の生活問題と法

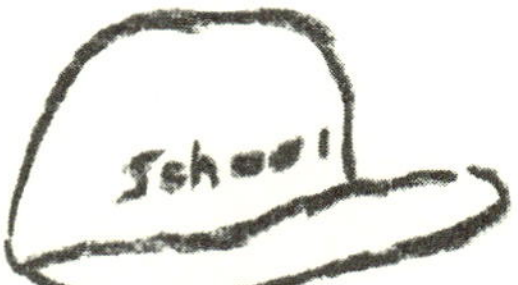
School

第1部

学校現場と法の間《はざま》

1

思春期の生徒たちと生活指導

最初にある中学生たちの声に耳を澄ませてみよう。

〈親の嫌いなところは〉

・毎日同じ事を何度もネチネチと言い続ける
・何事にも他人との比較という基準しか持っていない
・こっちのことをすべて知っているかのような態度を示す
・怒るときに、必ず昔のことまで持ち出してくる
・完璧を求めすぎる
・親の考えた結論をすぐに押しつけてくる

〈理想の親は〉

・自分の身近なことへの怒りを、こちらにぶつけない。
・ここぞというときに、きちんと叱れる
・頭ごなしに怒鳴りつけずに、理解できる言葉で伝えてくれる
・叱る時間は短く、叱った後はすぐに気分転換してくれる

・悪い事をしたことに対してまっすぐに叱ってくれる。決して嫌みを言わない
・急がせずに待っていてくれる

この声はもちろんほんの一部ではあるが、印象的に響いてくるのは、生徒たちは保護者から叱られることそれ自体を嫌悪しているというよりは、自分の心にきちんと届くメッセージの内容や方法を求めているということなのだろう。

ちょうど思春期にもあたる中学・高校時代は、「自分探し」のもだえと試行錯誤、親離れのための「独立戦争」の季節であり、大人とぶつかり合う時期なのだ。これまで「完璧」に思えてきた大人が差し出す価値観を、彼らは自分が持つまな板の上にのせて問い直し、反抗していくことで「自立」の道を歩み始める。彼らは、親や教員の望み通りの大人になるのではない。それぞれにとっての「立派な大人像」を模索しながら、成長していくのだろう。

思春期の反抗期と自立の課題

私の勤務校は、一二歳から一八歳までの生徒たちが通ってくる中高六年制一貫の男子校だ。

私は、中学入学後から卒業までの六年間の最大の課題の一つを、生徒たちがなるべく他者に頼らずに自分で計画を立て、自力で学習することにおいている。

本校でも二三年前から、社会科が系統学習の時間を大胆に削って、「学ぶ側の論理」と「教える側の論理」の統一をひとつの理念に、「問題解決型の総合学習の時間」を中学一年から導入してきた。生徒は毎学期、自由に社会的な問題を設定し、それを文献やそのテーマの専門家への取材、施設へのフィールドワーク等も行いながら系統的に調べて原因分析を試みる。定期考査がないかわりに、それをレポートにして提出させて、評価していく。最終的には卒業論文に仕上げるという試みだ。

これまで塾や保護者などの「他人」が作成したプログラムに全面的に沿って学習して

きた多くの生徒たちにとって、こうした課題は想像以上に難しい。もちろんその後、さまざまな援助を受けながら、時間はかかっても自力をつけながら学習していくスタイルに少しずつ転換していける生徒が圧倒的だ。

ところが、生徒の中には最初の段階でつまづいてしまい、その打開の方向も見えないため、やる気も起きずに焦りだけがつのっていくということも起こるのだ。しかも、そこに保護者が動揺して無理に介入しようとすると、生徒本人のやる気をさらに削いでいくことになる。

親が言うとおり歩いてきても、自分は今、少しも幸せではないし、今の生活は不満な事だらけだと感じているからだ。

彼らは、そうした不安定な状態を、授業中の無気力や投げやりな発言というシグナルで表してくれるようになる。その機会を逃さずに、評価を含むコメントをなるべく言わずに彼らの気持ちをじっくりと聞いてみる。すると無気力に見えていた姿勢が、実は焦りの裏返しの顔だったり、投げやりな発言が、そういう言葉でしか自分のつらい気持ちを表せないことがわかってくる。

こうした生徒の出すシグナルをより的確にとらえていくためには、日頃から保護者との共同作業が不可欠だろう。家庭での生徒の居場所が確保されてはじめて、学校での生徒に対する取り組みが生きてくると思えるからだ。

思春期の子どもとの関係が、これまでとはまったく異なり、ギクシャクしていると感じる家庭は、思った以上に多い。この時期に、家庭で子どもとどんな距離感でつきあったらよいか悩む保護者にとっては、とくに切実な問題だ。だが、この思春期に子どもが親に対してきちんと反抗できるということは、これまでの子育てに根本的な問題はなく、うまくいった証《あかし》だと受け止めていい。

その意味もあって、私はなるべく新学期の早い時期の保護者会で次のようなことを話すようにしている。

まず話すのは反抗期についてだ。思春期に入っている子どもたちにとって、これまで「完璧」に見えていた教員や保護者が、どうしようもなく鬱陶《うっとう》しく、煤《すす》けて見える時期が来る。自分づくりのための一歩であり、こうした反抗期のない人間は自立できないと言ってよいだろう。

反抗の表れ方は人によってさまざまだ。母親とは「うるさい。関係ない」の二つのフレーズだけしか交わさずに日々を過ごす生徒もいる。表面的には普通に見えても、これまで詳しく話してくれた学校での出来事を保護者にまったく話さなくなったりすることも、その一つの表れだ。

しかし、高二も終わる頃になると、授業のディスカッションで「ウチのオヤジも家ではだらしないけれど、仕事に対する熱意だけはすごい」とか「母親が口うるさくて嫌になることも多いけれど、僕のことを考えてくれる優しい人なんだと思う」などと言い出す生徒が出てくる。親や教員が不完全であることを批判し、反抗していく中でこそ気づいていくのではないだろうか。オールマイティーだから人は人を愛するのではなくて、自分も含めて人間は不完全だからこそ、いとおしく思えるということに……。

同時に、大人の側も自分の不十分さを受け入れる所から始めるしかない。とくに私も含めて教員にありがちだが、自分の不完全さを棚に上げて、生徒の不十分さだけを責めるわけにはいかない。「問題行動」を起こせば厳しく注意せざるを得ないこともあるが、その時の眼差しや言葉のかけ方に、人間的な膨らみをもたせたい。厳しく注意はしても、心の奥底でその不十分さを受け入れ、いとおしいという気持ちをもっていたい。

もちろん反抗するには、反抗できるだけの〈壁〉が必要だ。この時期だからこそ人間として許されないと判断した行為については、家庭でも真剣に子どもと向き合って注意し、立ちはだかってやる決意が必要だろう。その際、戒めねばならないのは「あんたは最低ね」などといった人格否定や攻撃をせずに、あくまでもその行為に限定したい。それ以外は、とくにこの時期はこれまでの自分たちの子どもたちの関わりやしつけを信じて、少し距離をとって静かに見守ってほしいというような内容だ。

もっとも最近は、「家の息子は素直で、ほんとうにいつまでもいい子なんです」といった保護者の声も聞こえる。一見すると何も問題はなさそうだが、ほんとうにそこに問題が潜んでいないのだろうか。人は人生の中でいつかは保護者から自立していく道を歩み始めるのだろう。できればこの思春期の時期にこそ、その経験をしていくことが大切なように思える。いつまでも親の言うとおりの素直な子どもであればあるほど、実はこれまでの親子の関係を一度は振り返ってみる必要があるのではないだろうか。

この中学高校時代の思春期に子どもたちが起こすさまざまな生活上の問題を、現象面だけを見て過剰反応するのではなくて、そうした行動も実は、彼らが今の保護者との、教員との、友人との〈関係〉を変えようともがいている大切なシグナルなんだと前向きに受け止めていきたい。そして、子どもの人生はあくまでも子ども自身の人生であり、できれば私たちはそれを最も近くで見守り、応援するサポーターなのだという構えでありたい。

授業という枠組の活用

この思春期に私が重視しているもう一つは、中学では「道徳」、高校では「現代社会」や「倫理」の「青年期」の単元の授業についてである。

それは授業という「枠組」を活用することで、〈今〉を生きるテーマに対して、生徒がそれぞれのやり方で向きあわざるを得ない〈場〉をつくるということだ。

たとえば、かなり前に実施した授業だが、高二の授業で、「オウム真理教」に入信し、その後脱会した少女の手記を読んでもらったことがある。これは共同通信社の社会部記者だった西山明氏のルポルタージュを教材化したものだった。

西山記者は残念ながらその後、病気で鬼籍に入られることになるのだが、この授業の直後に実際に学校に来ていただき、彼もまじえて高校生たちとのディスカッションを実施した。そのシーンは、今でも私にとって懐かしい記憶となっている。

このルポは、親からの期待に応えられず、自己肯定感を抱けなかった「あかり」という少女の手記だった。

高校時代の反抗期にも、あかりはそのベクトルが外には向かわず、親の期待に応えられない自分がゴミに思えて、足を拳骨でたたき続けていたという。何とか現役で国立大学に合格するものの、他人に無条件で愛されることを求めて、彼女の行動は性急さを増していく。やがて、暴力を振るい続ける男との同棲。最後までお金で解決しようとする父親への絶望。身も心もボロボロのあかりに、「あなたは、あなたのままでいいんだよ」と声をかけてくれたのがオウムだった。

オウムは「犯罪者集団」であり、信者たちはみんな理解不能で「異常」な人々だと認識していた当時の生徒たちにとって、あかりの手記はインパクトがあったようだ。「まったく理解できない」という声も含めて、一人一人が改めて自分の〈今〉に引きつけながら、それぞれの思いを書いてくれた。

あの「オウム事件」から、すでに二〇余年という月日が流れている。その区切りの時期に、いくつかのテレビでも特集を組んでいたが、なぜ、若者たちがこの集団に惹きつけられていったのかを考え続けていくことは、これからも大切だと思っている。

以下は、当時の生徒たちの感想である。

A君

「僕はオウムが事件を起こしたとことが報道されたとき、なぜ、世間で優秀と言われている人たちが、このような団体に入ってしまうのか疑問だった。あるテレビでは『学歴社会のひずみ』などと説明していたが、あかりの手記を読んで、少しだけわかったような気がした。あかりの高校時代は、かなり極端だと思うが、僕もなぜ、こんな悪い点数を取ってしまうのだろう。やっぱり自分はダメなのかなと考えてしまうことがたびたびある。あかりにとって、オウムは自分の不十分さを受け入れ、それと向き合うことを教えてくれた存在だったのだろう。そこにひきつけられていった気持ちはわかる気がする。

……(中略)もちろん数々の犯罪を引き起こしたオウムは許せないが、この感想を書きながら、今までまったく別の世界にいる人々だと思った信者たちと、自分の中にもいくつも共通なところがあることに気づいた。僕もオウムのような所に入る可能性がまったくゼロでないことに、改めて驚いている」

B君

「あかりが苦しんだ理由は、完璧にこだわり、大きな期待をかける親の姿勢と、子どもの方にもその期待に必要以上に応えることで受け入れてもらおうとする関係があったように思う。でも、その大きすぎる期待に応えきれない自分自身を受け入れられずに、あかりは苦しんだのだろう。……(中略)僕は、以前みた英才教育のビデオを思い出した。そこには、四、五歳の子どもに微分積分や英語を教え込み、それを貪欲に吸収していく子どもたちの姿に喜ぶ親たちが紹介されていた。親は、自分の生きがいを子どもにかぶせてはだめだし、子どもも、親を生きる糧にしてはいけないのだと思った」

C君

「あかりと僕の家庭はよく似ている。母は、『他人に迷惑をかけず、成績さえよければいい』という考えだ。たぶん母は学生時代、孤独だったのだろうと思う。中学受験までは、その考えにしたがっていたが、今は母の生き方も含めて深く考えるようになった。……(中略)以前からマスコミのオウム報道とその表面的な批判には納得できなかった。犯罪を起こしたことは決して許されないが、単なる感情的な怒りや批判、差別が存在する限り、社会に存在するあかりのような犠牲者は出続けると思う」

このように親子関係のテーマを直接的に取り上げる教材は、いきがよければよいほど生徒によっては、身につまされてしまう場合もあり、授業者としては勇気が必要なことも少なくない。しかし、実際に教材化してみると、ディスカッションで出される他の友人の意見を聞いたり、悩みが書かれた文章などを読むうちに、最初はあえて気乗りしないような素振りを見せる生徒の顔つきが変わってくることも、実は多いのだ。

あまり感情を表面にあらわさず、ほとんど口を開かない生徒も、周りの生徒が自分と似たような問題で悩んでいることや心の整理をつけようともがいている姿が、心に響いてくるらしい。白紙だった感想カードに、自分の気持ちを少しずつ綴っていくということも起こってくる。

「アルコール中毒」や「薬物中毒」など同じような問題を抱えている自助グループでの仲間の交流の方が、医者などの治療者がカウンセリングをすることより、治癒力が高くなることがあると聞いたことがある。もちろんこれをそのまま学校現場にあてはめるわけにはいかないのかもしれないが、〈クラスの授業〉という枠組みを生かして、扱われたテーマに関する悩みを友達の声として聞くこと。目で読むこと。自分で書いてみること。そのうえで、自分と他人との違いが認識できるようになることは、今、自分が抱えている問題を突き放して考えられるスタートになるのではないだろうか。

日常を手放さない

最後に、これまで述べてきたことと少し位相が異なるが、もう一つだけつけ加えておこう。

学校には文化祭や体育祭など、さまざまな「非日常的な行事」が用意されている。こうした日頃とは違う「ここぞ」という場で、自分なりの努力によってチャレンジできる生徒は、とても魅力的だ。そこで得た周囲からの評価とその経験は、彼らのこれからの人生を長く励まし続けていくことだろう。

しかし同時に私が、中高時代に獲得する課題として、とくに大切だと思っているのは、地味ではあるが、毎日毎日、遅刻をせずに登校するという「あたり前」の日常を繰り返し続けるということだ。もちろんさまざまな理由によって不登校になっている生徒がいることも理解しているつもりだ。しかしそれでも、基本的な構えとして日常の生活を大切にしたいと思う。そう改めて確信したのは、ある本での文章が私の心に響いているからだ。

その一つは、ヒトラーのナチスがオランダに侵攻したとき、自宅が接収されて過酷な仕打ちを受けた家族の物語を、作家の清水眞砂子が紹介している本だった。

理不尽な要求を突きつけられ、歴史に残る『飢餓の冬』の環境の中あっても希望を失わずに心身共に健康でいられたのは、この一家がどんなことがあっても決して投げやりにならずに、何があろうといつもと同じ時間に起き、いつもどおりに洗濯や掃除をしていくなど、日々の暮らしを手放さずに維持し、黙々と働き続けていたからだというのだ。生きる覚悟とは大げさなものではなくて、踏みつけられても踏みつけられても、日常をあきらめず、手放さず、あたり前のことをし続ける意志の力ではないのかとこの本は静かに訴える。

もう一つは、倫理学研究者の川本隆史によって紹介されている詩人石原吉郎へのある種のオマージュだ。石原は語学力を買われ情報要員として、満州国の関東軍司令部に所属した。一九四五年の敗戦とともにソ連軍に抑留され、翌年から過酷で理不尽な強制収容所に収監される。それはスターリンの死による特赦までの八年に及んだ。

食器不足のため二人分の食事を一つの食器にいれる。ただ自分の命を守るために、公平に分配する「知恵」として同じ大きさのスプーンを交互にひとさじずつ食べる技法で生き延びてきた。互いが互いの生の侵犯者だと確認したうえでの孤独感を抜きには成立しないギリギリの共生。その時間を生きた石原は、一九七一年に招待された大学祭で「じゃあ、どう生きればいいのか」というある大学生の問いかけに、「日常生活をていねいに生きること」と答える。その石原には「世界が滅びる日に」という作品があるという。

「世界がほろびる日に　かぜをひくな　ビールスに気をつけろ　ベランダに

ふとんを干しておけ　ガスの元栓を忘れるな　電気釜は　八時に仕掛けておけ」
（詩集「禮節」サンリオ出版）

学校生活の中でも、行事などの非日常だけでなく、それ以上に、あたり前の毎日の積み重ねができる力こそが、いざという時の最後の抵抗線になりうるのではないか。これらの本の文章を私なりに受けとめ直しながら、生徒や保護者に、この点を、とくに伝えていきたいと思っている。

これまで思春期に生きる生徒たちをどうとらえていくかということを中心にして、少し大きな視点で見つめてきた。しかし、学校現場で起こる生徒の生活指導の問題は、いつでも具体的だ。

次章では、そういう問題の中から五つのテーマに焦点をあて、法律の専門家との対話を通して、学校として取り得る対応の可能性について考えてみたい。

引用・参考文献

拙稿「青年期に生きる生徒たちとの出会い」（「一橋情報二〇〇四」一橋出版）
加藤純一「親面接のポイント」ほんの森出版
西山明「ＡＣからの手紙―私は青空が見たい」三五館
清水眞砂子「そして、ネズミ女房は星をみた」テンブックス
川本隆史「哲学塾　共生から」岩波書店

2

学校現場からの相談ファイル

FILE 01　ネット利用の罠を知っているか？

教育の眼

ツイッターやフェイスブック、ＬＩＮＥなどのソーシャルメディアを利用する生徒が非常に増えている。ソーシャルメディアは、瞬時にさまざまな情報にアクセスでき、世界中の人々をつなげる大変便利で可能性をもったツールであることは間違いないだろう。

しかし、近年、多くのニュースで取り上げられているように、使い方に注意しないとトラブルに巻き込まれて被害者になったり、知らないうちに加害者になっていることもある。

たとえば、現在の中高生の多くが、帰宅後、クラスのＬＩＮＥを入浴中も含めてずっと見ていたり、たまたま書き込んだＬＩＮＥの文章が自分のほんとうの思いと違って、誤解されてキツく相手に受け取られてトラブルになり、いじめに至ってしまうケース等がある。竹内和雄は、こうした事例は、ほとんどすべて学校生活のリアルな反映なのだと分析する。

最初の事例でいえば、今の子どもたちにとってネットの人間関係は非常に重要で、ネットで失敗するとリアルの世界でも絶対にうまくいかないと思っている。あるいはリアルな世界でうまくいかない子どもは、せめてネットの世界では仲良くしたいという気持ちが強いからだという。つまり、子どもたちが四六時中、スマホを見ているのは、友人と楽しく会話するためだけでなく、自分に関する書き込みにはすぐに反応しなければ、ネットの世界でも関係が阻害されてしまうという義務感のようなものなのだ。

二番目の事例も、腹が立つようなLINEの文章に接したら、その思いを直接、相手に書き込めば、その応答によってすぐに誤解が解消するかもしれない。しかし、人間関係のトラブルを直接、解決した経験が少ない生徒たちは、それをせずに面倒くさい事態になることをさけて、すぐに関係を切ってしまうという。そのLINEに参加している周囲の生徒の中にも何人かは、言葉のやり取りの誤解にすぎないと気づいているだろう。だが、その当事者たちに意見をしたら、自分が面倒くさい立場になることを恐れて、放置することも多い。実は、これもリアルな人間関係の調整が重要になる。そう考えると、ネットのトラブルは、子どもたちの学校生活でのリアルな関係、リアルな生き苦しさのメタファー（隠喩）だと考える方が、自然だろう。

そのうえで、子どもたちにとって、SNSに対して、とくに大切だと思われる点を整理しておこう。

まず、最初に、SNSは、世界につながるメディアだということだ。子どもたちにとっては、LINEや非公開設定のツイッターは、情報の流通が限定されていると誤解しているが、誰かが、その内容を少しでもコピーして貼り付ければ、もう防ぎようもなく拡散することをよく知っておくことが大切だ。

そして、一度ネットに発信した情報は、世界中の人が見ることができるし、完全に削除することはできない。公開範囲を限定していたとしても、何気なく撮った他人の顔写真やプリクラなどを、本人の許可なく勝手に掲載すると、コピーされ他人の手に渡る危険性もあるだろう。たとえ発信する側に悪意がなくても、他人から見れば不快に思うこともある。

たとえば、個人が特定できる名前、学校名や、学校の最寄り駅などが特定されるような内容、住所、クラス、年齢、性別、あだ名などを不用意に書き込んでしまうと、自分の顔はもちろん、無断で撮影した他人の写真などでも個人が特定されてしまうのだ。閲覧制限のあるブログであっても、こうした情報を公開した場合、ネット上に永久に残る可能性がある。安易な気持ちでやってしまった書き込みや写真の掲載などが、将来の進路や就職などの不利益になる恐れがあり、その責任をいつまでも背負い続けなければならなくなるというわけだ。

こうした発言や行動を起こす際に、自分がまったく見ず知らずの多くの人たちが見る可能性があることを意識し、書き込んだ内容がどういう被害をもたらすか、一度立ち止まって考える習慣をつくるしかない。

もちろんソーシャルメディアを適切に扱える力をどう養っていくのかということは、これからの教育機関として大変重要だろう。しかし、同時に忘れてはならないのは、ネットを通さずに、直接相手と生身の会話をするコミュニケーションの力をどのように獲得していけるかということだ。直接、言葉で伝えられないような内容を、ネット上に無理して書き込もうとすると、言葉だけが一人歩きし、相手に誤解を生じさせることになりかねないからだ。伝えたい大切な気持ちや言葉は、相手と直接向き合って話をするリアルな世界の充実こそ大切な課題なのだろう。

現場と法の対話

ネットへの写真掲載をめぐって

八塚　中高生の間で、スマホ、携帯、ＬＩＮＥ、ツイッターや掲示板などのＳＮＳをめぐって、ほんとうにさまざまなトラブルが起こっています。もちろんインターネットは大変可能性のある便利なツールであることは間違いないわけですから、その意味でも被害者や加害者にならない使い方をしっかり学んでいくことは、彼らがこれから生きていくうえで、大変大切だと思います。

山崎　〈教育の眼〉にありましたが、ＳＮＳでの中高生の問題は、現実の学校生活のリアルな反映なんですね。もちろん、大人でも上手にこれらを使いこなせているわけではありませんし、「炎上」などということもよくあるわけです。中高生は大人以上にリアルの世界とネットの世界の人間関係が重なり合っているということなのでしょうね。

八塚　まずは、友人の写真をネットに載せてしまうケースの検討から入ることからスタートしたいのですが、具体的な事例を簡単にお聞かせ下さい。

たとえば遠足でのスナップ写真や友達とのツーショットを、本人の許可を取らずにLINEに載せてしまうなんてことがよくあるんではないでしょうか。いまはスマートフォンのカメラの機能が非常によくなっていることもあって、自分の写真や友人の写真、あるいはたまたま見た火事や事故のシーンを撮影する事は、何の違和感もなく普通にやっている気がします。

その中で、悪ふざけや冗談のつもりで、友人のたとえば体育の着替えの様子を撮ったり、自分や友人の裸の写真をおもしろ半分で載せてしまうなんて事もよく話題になりますよね。

山崎　そうですね。まず、法律の考え方を確認しておきましょう。

誰もが自分の姿を勝手に撮影されない権利はあります。「肖像権」とか「プライバシー権」とか言ったりしますが、名前は重要ではありません。こうした権利から勝手に許可なく他人の写真を撮影することや、それを他人が見られるような形でたとえばＬＩＮＥなどに載せることは許されないということが原則だと思います。

また、写真に限らず文章でもそうですが、他人の名誉、感情、信用を傷つけたり、侮辱したりした場合には、刑法上も名誉棄損罪や侮辱罪にあたり、民事上も損害賠償をしなければならない可能性があります。もちろん、そうなる可能性があるということで、とくに成長途上の未成年者である中高生の場合は、すぐにそうなるわけではありません。余り厳格に考えすぎると、コミュニケーション自体を萎縮させてしまう危険もあるでしょう。でも、このことはそれだけ重大なことであり、何よりも被害を受けた方にとっての痛みは大きいということを想像できる力が必要だと思います。

この原則を踏まえたうえで、先ほどの話に戻りますが、現実には携帯やスマホがこれだけ普及している中で、中高生が友人同士で写真撮影をし合ったり、それをＬＩＮＥなどに載せることは、日常では普通にやられていることでしょう。では、彼らがそれらをすべて友人たちから許可を取っているかといえば、取っていないことが多いのではないでしょうか。

この現実を無視して先ほどの一般的な原則を貫くことが適切なのかという点は、改めて考える必要があります。常識的にも、すべてが許可を得なかったからどうしようもない不正な行為だとは言えないと思います。

八塚　たとえばその友人同士では、これまで日常的に写真撮影を行い、それをＬＩＮＥなどに載せることを行っていたという事実がある場合には、写真を載せられた相手にとっても明確な言葉ではないけれど、全体として許可を与えていたと考えた方が今の現実に合った考え方だと思うのです。

横松　なるほど。常識的に考えると、日頃から仲のよい友人どうしで顔写真の撮影やＬＩＮＥなどへ載せているような事実があることや、友人づきあいの範囲内であることを条件にして、写真掲載の許可を取っていなくても、それは法的には問題にはならないということですね。

八塚　そう思います。厳密に考えると、未成年者の中高生の許可がどこまで有効かという議論もあるとは思いますが、基本的にはさしつかえないと思います。

横松　念のためですが、学校行事の遠足や修学旅行でのクラスのスナップ写真の掲載も同じように考えていいわけですね。

クラスのスナップ写真については、誰が撮影したのかを一応考えたほうが良いと思います。友人同士であれば先ほどの考え方で問題ないでしょう。

学校が撮影したもので、希望者に配ったものをＬＩＮＥなどに掲載したという場合は、その生徒たちがＳＮＳに載せることまで強く拒否していると言えるかどうかですが、その友人のスナップ写真であれば基本的には問題ないように思います。

八塚　今、話してきたケースは、仲がよい日常の友人関係の延長としての行為だったわけですが、もしも掲載した写真の中身が、悪ふざけも含めて悪意があったならば、今度は間違いなく法的に問題になるということですね。

山崎　おっしゃる通りです。その場合もいくつかのケースに分けて考えた方が理解しやすいかもしれません。

まず、中高生の友人に写真掲載の許可を明確に取っていなかった場合ですが、それがその友人を傷つけたり、貶めたりして、不利益を与えるような写真を載せた場合は、許可の範囲を明らかに超えていると考えられ、許されないと考えるべきだと思います。

もう一つは、許可を取っていた場合で、しかもその写真が先ほどと同じように相手に不利益を与えるような場合です。

八塚　自分が不利益になるような写真掲載を、自分自身が認めて、許可したのだから仕方ないという考え方もありますね。

たとえばJ・S・ミルの「自由論」の中で主張されている考え方です。つまり人の自由を制約できる唯一の根拠は、その人がやった行為が他人に不利益を現に与えているか、または与える危険性がある場合に限られるということです。これを「他者危害の原則」と呼んでいますが、いくら自分に不利益を与えようが、愚かなことをしようが、他人の利益さえを損なわなければ、国家も社会もそこに介入しない。本人の愚行権を保障するという考え方です。

この場合はもちろん保護の対象ではない成人を想定してのことですから、愚行権の主体が中高生になるような今回のケースでは、それとは区別して保護しなければいけない場合もあると考えた方がいいわけですね。

山崎　はい。私はそう考えています。撮影された対象者が未成年者であることを考えると、掲載されることの影響、とくに不利益について、適切な判断が常にできるわけではないと思います。だから、たとえ明らかな許可の言葉を与えていても、撮影された本人に不利益を与えるような内容をLINEに流したりすることへの許可は無効とされるべきです。未成年者ですから、どこかで大人がきちんと歯止めを掛けられるような理屈は持っておきたいと思います。

本人に不利益を与えるような内容についてですが、おそらく悪ふざけやいたずらの程度はさまざまでしょうが、少なくとも社会的に非難を受けるような炎上ものや裸の撮影、これはたとえ許可を取っていようが、未成年者に決定権も処分権もないと考えるべきだと思います。

八塚　なお、撮影対象が性器等であり、それをＬＩＮＥなどへ載せた場合は、わいせつ物陳列罪や頒布罪、さらには児童ポルノ禁止法など別の犯罪に当たる可能性もありますので、一層悪ふざけでは済まないことになりますね。

横松　そうすると、明らかに意図して許可を取らない盗撮などは完全にアウトになりますね。

八塚　許可を取れない写真だと判断したからこそ盗撮しているわけですから、その通りです。撮影が気軽にできることが、イコール「許される」ではないでしょう。

先ほどの生徒の写真撮影がネットに掲載された場合の学校や教員の責任を考えてみましょうか。友人の写真掲載が授業時間でなくても、朝のＨＲから終礼の時間内だったり、写真から学校内であることが特定できた場合には、どうなんでしょうか。

山崎　管理者としての学校の責任を具体的に考える前に、一般的な法律上の責任を確認しておきます。生徒の保護者と私立学校の設置者である学校法人とは、契約関係にあると考えられています。これを在学契約論と呼びます。この契約は、生徒の保護者が授業料その他の費用を支払い、学校法人は生徒を受け入れ、授業などの教育を行うことを内容とするものです。

これによって学校側は、生徒に教育を授ける義務を負いますが、それだけでなく生徒を保護し監督する保護監督義務や、生徒の生命や身体等の安全に配慮する安全配慮義務を負うことになります。

そして、この安全配慮義務の観点から言うと、たとえば、裸を撮影された生徒から、学校の管理不行届を指摘されることが考えられるでしょう。具体的には、教員がこのような行為を目撃または認識していた場合には、それをやめさせる義務があると考えられます。もちろんそのことを目撃したり、認識していなければ、責任はないと考えられます。

八塚　でもたとえば、その撮影が授業中だったりしたら、たとえ気づかなかったとしても授業担当教員の責任は大きいですよね。しかも責任のあり方については公立の先生方との違いもあるんですよね。

横松　授業中に教員が気づかないということは、実際にはありうることだとは思いますが、法的には気づかなかったこと自体が落ち度であり、「過失」があると評価される可能性が高いと思います。

山崎　授業は教員がその場を全面的に管理しなければならない時間ですので、それだけ責任も重いと考えるべきでしょう。そして、私立学校の場合は、教員個人が学校法人とは別に責任を追及される可能性があります。公立学校の教員は公務員ですので、「国家賠償法」第一条の適用を受けて、公務員個人が責任を追及されることはありません。しかし私立学校の場合は、教員も私人として生徒や保護者に対して、直接的に不法行為責任を負う可能性があります。

八塚　SNSによる悪意に満ちた嫌がらせや悪口が、特定の人間に集中していた場合には、明らかにいじめの一種だと考えられます。いじめの問題やその対応については、次のファイルで詳しく検討する予定ですが、とくにネット関係に限って考えなければならないことはありますか。

山崎　SNSといじめの関係ということで考えなければならないのは、物理的、時間的、空間的な区別がないということ、目に見えにくいということだと思います。
　物理的ないじめを考えると、たとえば暴力や直接的な言葉によるいじめ、無

八塚

視など、もちろんこれ自体ひどい行為ですが、この種のいじめは、少なくとも学校が終わったり、自宅に帰ったりしてしまえば、遮断できる面もあるでしょう。

でもSNSについては、学校が終わっても、家に帰っても、それが続いていくという面で精神的なダメージが大きいといえると思います。また、書き込まれたものが残りますので、いじめられた被害者も気になって何度も見てしまう、そしてまた傷つくということがあります。

しかも外部からはそのネットワークに入っていくことが難しい面もあり、実はその実態も把握しづらいのです。

情報リテラシー教育をめぐって

これまで話してきた問題とも関わると思いますが、最近の新聞で「学校を爆破する」とか「公会堂に火をつける」などの書き込みをネットにした中学生が逮捕されたり、ネットで大人になりすました小学生が補導されたりする記事をたまに目にします。おそらくこれらは氷山の一角で、全国的にはかなり多くの小中高生がネット関係で、補導や逮捕をされているのだと思います。

軽い気持ちでやってしまった行為がどんな効果をもたらすのか、何が問題なのか、ネットをツールにしたときのメリットとデメリットを、ディスカッションを併用しながら学校教育でしっかり取り上げていくことが大切だとますます実感しています。

もちろんスマホを持たせるのか、持たせないのか、持たせたとしたらどのように使わせるか、その教育の責任は、まず費用を負担している保護者が、当然ながら家庭教育として担うべきだとは思います。

でも一方では、多くの小中高生が、SNSの知識を知らないまま、補導や逮捕をされているのかと思うと暗い気持ちになります。知識は自分を守ったり、救う力があることを学校教育で感じてもらうためにも、情報リテラシーの重要性を再認識しています。

本校でもそうですが、多くの学校でSNSに対する一定の考え方や学校としての姿勢を示した「ソーシャル・メディアポリシー」をホームページに掲載しています。

学校によっては、生徒たちが自分たちでSNS使用のルールを決めて実践しているところもあります。

山崎

法律的な感触を述べますと、最初の点については、ネットやSNSは学校生活においては、今のところは日常的に、常に使用するツールというわけではなく、むしろ家庭での教育において、それぞれの教育方針に基いてリテラシーを備えるべきものであると考えられます。ですから必要以上に、家庭がその点に関して、学校側にその義務や責任を負わせられないとは思うんです。学校でいくら情報リテラシー教育をしたとしても、家庭ではまったく野放しということであれば教育効果もきわめて限られることになるでしょうから。でも、おっしゃることは非常によくわかります。

横松 二〇〇五年からは裁判員裁判が導入され、また高校生が選挙民の仲間入りする一八歳選挙権もスタートすることが決まりました。今、出されたネット関係の情報リテラシーを含めた法教育も、小中高のそれぞれの学校現場で、発達段階に即して展開されていくことは、とても重要だと思います。

山崎 ここでせっかくですので、ネットにおもしろ半分に「学校を爆破する」と書き込まれたとして、そのターゲットがご自分の学校だった場合の対応に限って考えてみましょう。あるいは、学校あてにそのような電子メールが来たという場合も同様に考えてよいと思います

この場合は学校が脅迫されているわけですから、警察への相談、被害届の提

出を検討することになります。しかし、もしも明らかにいたずらだとわかる場合は、そこまでする必要はないという判断もあると思います。

八塚　いたずらか、いたずらでないかという判断は、かなり難しいですね。もちろん書き込まれた文章がまったく支離滅裂とか、明らかに意味不明の場合は、実際に爆発物を用意できるとも思えません。だからその対応の必要はないのでしょうが、最初に確認した在学契約論から生徒たちの生命や身体への安全に配慮する義務を学校側が負っている点からすると、決定的な根拠がないもとで、いたずらだと安易に判断して放置できるかどうかについては、現場が苦しむところです。

山崎　あえて一つの基準を示すとすれば、書き込んだ相手を特定できるかどうかということかもしれません。特定できれば、その人間に対しての対応がとれますから。そして、もしも書き込んだ者が自校の生徒だと特定できる場合は、当然、生活指導案件として考えればよいと思います。

特定ができない場合には、やはり生徒たちの安全を考えて大事をとって、何らかの形で短時間でも避難させるなどの対応をせざるを得ないでしょう。それによって、学校の授業や行事が当然ながら影響を受けることになるわけですので、たとえ爆破予告がいたずらであっても、学校に対する妨害となり、威力業務妨害罪という犯罪行為として、警察に被害届を提出することができ、捜査が開始されることになると思います。

八塚　いたずらかどうかの一つの判断基準を、書き込む人間の特定性に着目する考え方は、各学校現場でもかなり参考になると思います。

さて、「教育の眼」でも取り上げましたが、多くの中高生は、ＬＩＮＥなどのＳＮＳは、メンバーが限定されており、そこで交わされた会話の内容や写真は、外に漏れることがないと信じ切ってしまっているようです。でも、その中の誰かが、それをコピーして、誰でもが閲覧可能な掲示板に貼り付けることが普通に起こっていますし、その事実をＬＩＮＥのメンバーにすべて話すわけではなく、知らないうちに拡散されてしまっている現実があります。そうやって会員限定の情報が拡散されている例をあげればキリがありません。

一度そうやって外に拡散されてしまった情報は、プロバイダーに削除要求し、仮にその掲示板では削除されても、コピーされていけば永久に残ることになります。

また、ＬＩＮＥの場合には、自分の画像や文章を消去しても、他のメンバーのスマホには残ってしまっているのでなんの効果もないわけです。

このテーマについて、少し考えてみたいと思います。

山崎　まず最初に、以前流行していた学校裏サイトや2ちゃんねる等の掲示板に、学校や教員個人の誹謗中傷が書き込まれた場合をどう考えるかです。

ネット書き込みの対応方法をめぐって

攻撃の対象が被害者ということになりますので、学校であれば、学校設置者としての学校法人が被害者となり、先生個人に対するものであれば、その先生個人が被害者となります。両者が攻撃されている場合も多くありますが、その場合は内容によって共同で被害を受けていると考えることになると思います。

次に、被害の程度を把握する必要があります。現実に通学生やその保護者、受験生や近隣住民、そして学校や先生方と利害関係を持つ人などに対して悪宣伝になるような誹謗中傷であれば、学校運営に支障をきたすことになり、当然放置しておくことはできないと思います。そこから具体的にどのようなことができるのかを考えることになるでしょう。

その場合、対応の方向性としては大きく二つが考えられます。書き込んだ者に対してと、書き込みに対しての二つです。

まずは前者についてですが、書き込んだ者を特定しなければなりません。しかし残念ながら、普通は本名で書き込むということはありませんので、書き込み内容から特定できればよいのですが、そこからの特定は難しい場合が多いようです。もしも関係者からのヒアリングなどでも特定できない場合は、そのサイトの管理者等に対して、発信者情報の開示請求をすることになるでしょう。開示請求によって開示を受けることができた場合、この情報に基づいて書き込んだ者に対し、削除請求や損害賠償請求をすることができます。

削除に応じない場合は、サイトの開設者に対し削除を請求することになりますが、任意の削除に応じない場合は法的手段に頼らざるを得ないでしょう。方法としては、仮処分手続や本訴請求によることもできます。書き込まれているサイトが、書き込んだ人によって開設しているものではない場合は、書き込んだ人を特定しなくても開設者に対して削除を求めることも可能です。

ただ、すでに述べられていますが、たとえ書き込まれた情報を削除しても、それが他に拡散していたら完全な削除は不可能であるため、被害者にとっては十分な満足を得られません。最終的には、書き込んだ人や、違法な書き込みであるにもかかわらず削除せずに放置したサイトの開設者に対する損害賠償でしか対応できないわけです。

八塚　だからこそ、自分の情報を含め、ネットへの掲載情報は、たとえLINEのような会員制であっても、慎重に扱うという自己防衛を強めていくしかありません。生徒にしても、教員にしても、学校にしても、そうした誹謗中傷がネットに掲載されている場合には、一日も早く削除したいし、残っているままだと、その時間に比例して精神的にも物理的にも被害が蓄積していくわけです。すべてのネットで完全には削除できないにしても、まず、その削除の法的なやり方を、これまで手がけてきた会社に対するケースなどを使って、具体的に教えていただくと助かります。

それでは仮処分手続きのことから、少しわかりやすく説明してみましょう。

山崎　書き込みの削除を求める場合には、仮処分手続によるのが適切だと思います。仮処分手続というのは、裁判所が正式な判決によることなく決定で、削除を求めるものであれば削除を命じるというもので、正式な裁判よりも速くて、証明のレベルも低くてよいのです。

基本的には書き込みの特定と、それによってどのような被害が発生しているのかという内容、そして相手方の特定が必要です。これによって得られた裁判所の決定には法的な拘束力があるので、削除に応じない場合には強制執行もできます。

八塚　仮処分手続きは使えそうですね。でもやはり時間がかかるわけですね。どうでしょう。これ以外にも何か、法的強制力として一日も早く削除できる方法はないのでしょうか。何かウルトラCはありますか。

山崎　うーん。そうですね(笑)。ウルトラCと言えるものは残念ながらなさそうですが、一日も早くというのは、まさに被害にあわれている方にとっては切実な願いですね。

残念なことですが、裁判手続というものはどうしても時間がかかります。その時間をどうすれば短縮できるかということを考えると、まずは証拠をしっかりと集めることですね。書き込み内容そのものはもちろんですが、書き込まれている内容が事実ではないことを裏付けるようなもの、書き込みによってどれだけ困っているか、そういったものですね。

また、これは一つの考え方なんですが、削除を命じる決定をもらうまでの時間を考えた場合、実は申し立てをするかどうかで悩んでいる時間というのが結構あるなという印象があります。「もっと早く申し立てていたら」というケースもたくさんあるんです。

法的手続以外では、たとえば学校としてこういう悪質な書き込みには毅然と対応するというスタンスを改めて明確にすることも大切かもしれません。

八塚　書き込んでいる人間は何らかの形で学校や教員の動向が気になるものですから、そうした毅然とした姿勢を見せることで、任意の削除やさらなる被害の防止にもつながっていく可能性があります。その意味では、警察への被害相談を行う動きを見せていくことも有益だと思います。

ところで、先ほどの生徒が勝手に不利益な写真をネットに掲載されたケースですが、生徒本人やその保護者にとっては、写真の掲載が続くことで名誉が傷つけられている状態が放置され、またはプライバシーが侵害され続けているわけですから、掲載された画像の削除を求めるのは当然です。

山崎　この場合は、被害者が学校または教員ではないのですが、学校の同じ生徒が被害生徒の写真を掲載した場合と、学校外の人に勝手に街角で撮影されて、サイトに掲載されてしまった場合に分けて考えてみたいのですが。

両方の場合に共通することは、掲載をした生徒が特定できればその撮影した個人に対して削除を求めることや、掲載されているサイトの管理者に対して削除を求めることが可能なのですが、その主体は、あくまでも被害者である生徒本人またはその保護者です。

学校が生徒に代わって削除などを求めることはできません。学校として、または教員が主体となってその手続を進めていくことは法的には難しいわけです。もちろん前者の場合は掲載したのも生徒ですから、生活指導の一環として掲載した生徒に対し、削除を求めることはできるでしょうし、すべきことですが、法的な強制力を伴うものではありません。

学校に在籍している生徒の場合には、あまり考えられないとは思いますが、削除に応じない生徒がいた場合には、その生徒に対して、学校としてその行為に見合っただけの処分をすることしかありません。たとえばですが、その生徒を退学処分にしたとしても、削除されない場合は、被害者にとっては根本的な解決とはなりません。これは、学校外の街角で撮影された場合にも同じことが言えるわけです。削除要求をしても相手が応じない場合は、先ほど述べたように、まずは仮処分手続きを検討する。そしてそれが内容的に悪質なものであれば、警察へ被害届を出して処罰してもらうと同時に、警察から削除するように強く働きかけをしてもらうことなどが考えられます。

八塚

やはり、ＳＮＳに一度掲載されてしまうと、元に戻らないという事実を改めて実感しました。プロフも含め、自分が特定されるような必要以上の情報を載せることには、細心の慎重さと警戒心をもつこと。その点を改めて頭に入れながら、ＳＮＳに使われるのではなく、私たちが使いこなすんだという姿勢を明確にすることが必要ですね。

中高生の中には、スマホのゲームから離れられないなどネット依存症が増えているようですので、そのことも含めた教育的な新たな課題にきちんと向きあっていく必要があると痛感しました。

引用・参考文献
竹内和雄「スマホ時代の大人が知っておきたいこと」（教育と医学の会編集『教育と医学』慶應義塾大学出版会　二〇一五年一月号）
「ソーシャル・メディアポリシー」（海城学園ホームページ掲載）

FILE 02　いじめは、ほんとうに根絶できるのか？

教育の眼

いじめによって中学生が自ら命を絶つ痛ましい事件が後をたたない。とくに大津市の中学生いじめによる自死事件を一つの契機に、与野党の議員立法として成立したのが「いじめ防止対策推進法」だ。

ここでの定義は、最近の文部科学省による定義を踏まえたものだが、簡単に説明すると「一定の人間関係のある生徒がある生徒を対象に行う心理的物理的な影響を与えるネット関係も含めた行為で、その生徒が心身の苦痛を感じたもの」だということになる。

しかしながら、この定義はなるべくすべてのケースを盛り込もうとしたメリットがある反面、あまりに広いために、日常の大小さまざまな生徒の関係トラブルすべてが、これにあてはまる可能性がある。だから教員によっては、何がいじめにあたるか多様な解釈が生まれてしまい、その対応を遅らせることにもなるだろう。しかもこれに、被害生徒自身が「いじめられている」ことを認めて教員や保護者に訴えることを迫ることは、彼らの生きるプライドをズタズタに引き裂いていく。いじめが不可視だという理由の大半は、ここにある。

片岡洋子は、芹沢俊介の文章を引用してこの定義を、次のように批判する。

いじめの標的になっている生徒に心身の苦痛を確かめることへの批判に加えて、いじめの標的の特定とそこに向けられた物理的精神的暴力の反復継続性という視点がない。つまり個々の悪口や嫌がらせのひどさよりも、それが特定の生徒にずっと続くという継続性こそが、その人間の生きる力や抵抗力を奪い、屈服させていくといういじめの最も重要な構成要素が曖昧になっていくというのだ。芹沢は、文科省の定義よりも警察庁少年保安課の「特定の子に対する身体への物理的攻撃や言動による脅し、いやがらせ、無視などの心理的圧迫を一方的に反復継続して加えることで苦痛をあたえること」というこれまでの定義の方が、いじめの標的が特定され、しかも物理的・心理的暴力の反復性を組み込んでいる部分を評価する。

また、松浦善満は、いじめかどうかを学校現場で実践的に判断するには、「相互性の有無」という観点が大切なのではないかと提案している。

大津いじめの事件も被害生徒は、「プロレスごっこ」の中で継続的に暴力を受けていたが、その生徒が「大丈夫」と答えていたこともあって教員はこれを「遊び」や「悪ふざけ」とみていた。だが実は、常に技をかけられていたのは被害生徒のみであり、「相互性」はなかった。しかも表面的には「仲良しグループ」の中で発生するいじめは教員側からは見えにくく、とくにベテランと言われる教員ほどこれまでの生徒関係の経験から、日常の遊びの中での少し激しくなった「ふざけ合い」と捕らえてしまい、見過ごしてしまうことが起こるのだ。

学校のクラス集団は、基本的には機械的に振り分けられたアトランダムなメンバーで構成される。もちろんその中で、自分と「あわない」と感じる友人が当然出てくるだろう。そうした人すべてと心から抱きしめ合うことを要求することが、このクラス集団の意味だと私は思っていない。たとえどんなに気が合わず「嫌い」であっても、少なくとも始業時間から終了時間までは、お互いに不愉快な思いをしない関係をつくれるかどうかに、日々チャレンジしていくこと。そこにホームベースとしての学校のクラスの意義の一つはあるのではないだろうか。

当然のことながら、その中で起こるさまざまなトラブルに出会っていく経験こそが、生徒それぞれの人間関係力を向上するための一つの教育だと考えれば、初期段階での「いじめ」は起こりうるし、その根絶を目標にすることはできない。「いじめ」が起こる初期は、人間関係をつくる中でのトラブルである以上、それを根絶するには生徒間の関係をすべて遮断しなければならなくなる。だが、そんなことは不可能だからだ。

しかしだからこそ、「いじめ」によって自ら命を絶ったり、悪質な犯罪行為にさせるような深刻な事態にエスカレートさせないことだけは、各学校の全存在をかけてやるべき課題であり、教育実践の本質的課題だといってよいだろう。

長年、公立中学の現場に立ってきた宮下聡は、「初期段階のいじめ」が自死にまで至るような深刻ないじめになるケースの共通性として、いじめ対象者の集団での孤立化をあげる。そして、いじめを教員が認識したときの最初の取り組みとして強調する被害者の支援体制のつくり方が、今の現場では大変参考になると私には思える。

いじめを受けている生徒に、周りにわからない形でいいから、声をかけたり、支えたりする生徒を一人でも二人でもいいからクラス内につくるという具体的実践だ。私が大切だと思うのは、いじめを見ていて注意できなければ、加害者と同じだという迫り方をしないということだ。それ自体が、いじめを見て心を痛めている生徒を「傍観者」という枠にはめ込み、追い詰めていくことになるからだ。

いじめを見ても「やめろ」と言わなくてもいい。「やめろ」と言った段階で、次のターゲットになる場合もあり、そんなに今のいじめは甘くない。しかもいじめを仲裁するのは、人間関係を微妙につなげる高度なテクニックが必要になる。だから、苦しんでいる人を裏でいいから、メールでの言葉かけなどで一人でないことを示してくれることで、いじめに同調せず精神的に支えてくれればよいとするのだ。いじめられている生徒の支え方は、いろいろなやり方があっていいのだという「多様性」の提示になっている。

いじめの分析視点としては、森下洋司の「いじめの四層構造」が有名だ。いじめに関わる人的関係を四層に分けてとらえ、被害者とそのすぐ近くにいる加害者、その外側で加害者の行為をはやし立てる観衆、そして見て見ぬふりをする傍観者という構造だ。これによって、いじめは継続され、深刻化していくといわけだ。

しかし、宮下が重視しているのは、いじめは被害者、加害者、加担者、傍観者の層はあるにしても、すべての生徒は「いじめ」というクラス内の事件によって、大きな影響を受けることによる全員が「当事者」だという視点だろう。そこには被害者や傍観者はもちろん加害者に対しても、家庭でも学校でも幸福な精神状態にある生徒はいじめないはずだという根底での暖かな生徒観が流れている。

もちろんいじめの深刻度が進んでいる場合には、緊急避難として加害者の方に強く働きかけ、まずはその行為をやめさせることが必要になる。しかし教員の側が準備を整えず、安易に手をつけるだけだと、その後すぐに教員の前では表面的にいじめ行為が止まったように見えるだけで、実はわからないように地下に潜っていくことになるだろう。

その時、緊急避難の取り組みと同時に、先ほどの被害者に対するクラス内での人的拠り所を進めて行く方法が、被害者の支えとしてボディーブローのように効いてくるのではないだろうか。そのうえで、保護者を含めて加害生徒はもちろん、クラス全体へのメッセージをじっくり伝えていくことになるだろう。

現場と法の対話

いじめの定義をめぐって

八塚　「いじめ」の定義については、学校現場では実はいろいろ議論があるんです。なるべく「いじめ」をすくい取ろうとする文科省や「いじめ対策推進法」の意気込みは、すごく感じられるんですが、被害者に、いじめられているという申告を迫ることをどのように評価するかが大きいと思います。法的にこの定義は、どのように位置づけられると考えますか。

横松　「いじめ防止対策推進法」第一条一項では「児童等に対して、当該児童等が在籍する学校に在籍している等当該児童等と一定の人的関係にある他の児童等が行う心理的又は物理的な影響を与える行為（インターネットを通じて行われるものを含む。）であって、当該行為の対象となった児童等が心身の苦痛を感じているもの」であると、非常にわかりにくいのですが（笑）、規定しています。

簡単にいえば、生徒Aが生徒Bに対し、言葉やインターネットによる行為によって精神的に影響を与える。あるいは物を隠したり、暴力を振るうことによって物理的な影響を与える。それらを、生徒Bが苦痛と感じれば、すべていじめなんです。

だから、継続性や深刻な苦痛という限定はありません。実を言うと文科省も以前は心身への攻撃の継続性や苦痛の度合いも考慮していたのですが、この法文でみるように苦痛を被害生徒が感じているかどうかで判断することになるので、「いじめ」という概念の枠組を一貫して広げてきたと思います。

その意図はおそらく、「教育の眼」にもあるように、なるべくすべての現象を「いじめ」ですくい取ろうとしてきた結果だったと思うんです。でも、被害生徒の苦痛の訴えという条件を決め手にしたことで、定義自体を曖昧にしてしまったことは確かに否定できないようにも思います。

山崎　この定義については、「児童等が心身の苦痛を感じている」ということを要件としたことが、二つの面で悩ましい問題を起こしているのではないでしょうか。

一つはこの要件があることで、被害生徒にいじめについて聴かなければならないということです。普通は、苦痛の有無を本人に確認することになりますが、被害を自分の口で申告することが難しい場合は、かえっていじめとしてすくい取れないのではないかという悩みです。

横松　もう一つはあくまでも可能性の問題なんですが、これとは逆に、生徒から苦痛を感じているという申告が頻発した場合です。これらをすべていじめとしてこの法律で扱うのが学校運営として適切なのかという悩みですね。方向性がまったく逆の悩みであることが、事態をより難しくしているような印象を覚えます。
法文上、いじめの訴えがあった場合には事実を調べて、それを学校設置者に報告しなければならない義務が生じます。私立の場合だと理事会への報告ということになるのでしょう。今、指摘があった後者の問題に関してですが、いじめの訴えがあっても、たとえばそれがとても軽いレベルで、クラスや学年で十分対応できた場合や、何でも「いじめ」だと訴えるケースも考えられないわけではありません。もちろん教頭や校長など教学執行部には報告をするにしても、理事会への報告は何らかの正式なペーパーを準備して行うのが普通でしょうから、ただでさえさまざまな課題を抱える現場に、新たに多くの業務を持ち込む可能性も否定できないかもしれません。

八塚　ネット関係についてのいじめについては前項目でも少し触れましたが、たとえば大津のいじめに見られるような「プロレスごっこ」など一見すると悪ふざけのようなケースの場合です。被害生徒のいじめという認識を最大の決め手にす

山崎 ることの法律を補うために、たとえば「相互性」という考え方をつけ加えて、現場での判断基準にするというのは、どうなんでしょうか。

横松 「いじめ防止対策推進法」で定義している「いじめ」について「当該行為の対象となった児童等が心身の苦痛を感じている」という要件をどのような事実から判断するかという問題だと思うんです。被害生徒の人間関係の客観的状況から、たとえその本人が言わなくても、苦痛を感じているという判断は可能だと考え、その要素の一つとして「相互性」を考えるということですね。手法としてはあり得ないことではないと思いますが、被害者が苦痛を認めていない場合に、そこに踏み込んでいくというのは、現実的には難しいかもしれませんね。

八塚 被害生徒自身が、被害を先生に言うことで、むしろ見えないところでいじめが激しくなることを恐れたり、〈教育の眼〉にあったように生きていくプライドとして保護者や教員にその事実を申告できないことは、当然考えられます。あるいは、加害生徒が被害生徒や周りの生徒を口封じのために脅し、いじめ発覚を阻止しようとすることさえあるでしょう。

それに加えて、外見的にも、いじめは「遊び」「ふざけ」「けんか」などを偽装することも多く見えにくい。先生の中でも、これまではそうとらえてもクラス運営がうまくいっていたという経験から、それらを子どもどうしの「じゃれあい」だと、考えてしまうこともあります。

横松　だから現場の知恵として、いじめの見方で「相互性」をつけ加えるというワザが出てくるのはよく理解できます。

ただ、この法律の定義にも実際にはこういうメリットもあると考えられます。つまり「いじめの四層構造」はよく知られている概念ですが、加害者、観衆、傍観者が、これは単なる悪ふざけやじゃれ合いで、いじめではないといくら主張しても、被害生徒がいじめの苦痛を訴えれば「いじめ」と認定して、そうした事実の有無や詳細を調べることに着手するなど、すぐに対応できるわけです。

また、加害者や観衆がいくら知らないふりをしても、少し距離感がある傍観者が少しだけ勇気をもってその事実を先生に話せばいじめの発覚につながります。その事実を入り口にして、被害者に確認していける手段となるでしょう。

八塚　なるほど。もしも被害生徒が心身の苦痛を話すことさえできれば、かなり容易にその事実の解明をする段階に動くことができるというわけですね。

山崎　この定義は、できる限り早期の発見、早期の対策というものを念頭に置いているのではないかと思います。少し矛盾するかもしれませんし、また、現場として

八塚　は大変だと思いますが、調べた結果「いじめ」ではなかったとしてもよいわけです。そもそもそれが一番なわけですから。

「いじめ」であるかどうかに関係なく、暴力などの個別の事実をつかまえることができれば、その指導は当然、行えるわけです。その結果、とりあえずは、暴力などの行為を止めることができ、当事者である生徒を教員が注視していくことにもつながるでしょう。

それでもなぜ現場が、あえて「いじめ」かどうかにこだわるかといえば、その背後にいじめが隠れている場合には、その後これらの行為がさらに水面下に潜ること以上に、そもそもこうした暴力などの問題行動さえも実は見えにくくなっている場合が多いからです。だから被害生徒が訴えることができない場合や、ようやく訴える決意ができても、それに時間がかかりすぎた場合には、事態は抜き差しならない状況になるという点の心配が残るわけです。

横松　確かに残りますね。また、現実にいじめに関する法律ができて、普通とは異なる対応をとることが細かく規定されているわけですから、何がいじめになるかという点に、学校の現場が注目するのは当然だと思います。

そのうえで、これは先生方の方がよくご存じだと思うのですが、被害生徒の

八塚

訴えがなく、いじめ自体が見えにくくても、いじめられている生徒は学校に行きたがらない、身体の不調を訴える、急激に成績が低下する、金遣いが荒くなる、情緒が不安定になるなどのさまざまな信号を発している場合が少なくないと思います。それらのいくつかは、もしかしたら保護者からの相談もあるかもしれません。だから、こうした信号に注意しながら、被害生徒の話を十分に聞き取ることが何よりも必要となります。そして、被害生徒が心身の苦痛を感じているものであれば、いじめと認定し、調査や必要な措置をとるべきだといえます。

いじめは見えにくいことに特徴があるわけですが、それでも教員がどれだけアンテナの感度を研ぎ澄ませて、生徒たちの、とくにクラス内での人間関係に表れる兆候を感じ取れるかということですね。

アンテナの感度をよくするための技法として、今まで述べてきた「相互性」や「攻撃される対象者の特定性」、「継続性」という観点が使えるのではないでしょうか。

たとえばクラス内の悪ふざけやプロレスごっこ、じゃれ合いと見えるものに、その三つの観点を据えながらよく見つめてみること。どうもおかしいと思ったら、「この悪ふざけは単なる悪ふざけではなくいじめに思えるんだけど、実際はどうなのか」と当事者以外の生徒に、教員の「私メッセージ」を発して問い、事実の断片を拾い集めていく。そして、被害生徒に、最近の様子を含め、その事実を材料に出しながらそれをテコにして、話しを聞いていくことができればと思います。おそらく被害生徒もいじめられている苦痛を訴えようかどうしようかという葛藤を抱えているわけです。被害生徒がいじめ被害の苦痛を訴えることは困難なことではありますが、こうしたアプローチが、その事実を変えていく最初の大きな力になるかもしれない。その力の一端は、教員や保護者、そして彼を支える生徒たちが、苦痛を訴えられた時の伴走者になれるかどうかにかかっている。

「ストップいじめ！ナビ」代表理事の荻上チキさんが、学校の教員をいじめの打ち明け先としてはまったく役に立たないという誤解がある。だけど教員がいじめに対応したケースは四割であったとしても、その七割は解決に向かったというある調査の結果を、朝日新聞編集委員の氏岡真弓さんのインタビューで答えています（「朝日新聞」二〇一五年九月二〇日付）。

そんなことも考えていくと、この法文での被害生徒のいじめの訴えを要件にしていくことに、実践的な意味があるようにも思えてきました。

横松　現場の知恵として出てきた「相互性」「特定性」「継続性」を、この法律の定義に流用するというよりは、被害生徒がいじめを告白する後押しをするための事実材料集めとして生かすという発想なら、現在の法文でも問題はなく、現場でも使えますね。

学校での事実調査をめぐって

八塚　「いじめ防止対策推進法」がつくられたことから、各校ではすでに「いじめ防止基本方針」を策定し、その中に「いじめ対策委員会」と「重大事態調査委員会」についても規定しています。いじめ対策委員会の方は、常設の組織でいじめの疑いの情報が入った場合には、この組織がその対応の中心になります。また、いじめの被害生徒に、命や心身、財産に重大な被害があるという疑いや、いじめが原因で一ヵ月以上登校できない疑いがあるとき、さらに被害生徒や保護者からいじめによって、前記の二つの重大事態に至ったとの訴えが学校にあった時は、その事件のみに関わる重大事態調査委員会をつくることになります。

この委員会のメンバーには、教職員以外に、必要に応じて専門知識を有する第三者を加えることになっています。その趣旨は、より効果的ないじめ問題の

横松

解決のための調査の客観性や中立性の確保と言われているようです。たとえばその人選についての行政による説明では、学校の顧問弁護士はダメだが、カウンセラーなら構わないと言っていたように思います。この点についてはどうなのでしょうか。

いじめ防止対策推進法では、学校の設置者はいじめ防止のために必要な措置をする義務があり、また、学校と教職員は、学校全体でいじめ防止と早期発見の取り組みや、いじめに対し適切に早く対応する責任があるとされています。そのために、各学校ではいじめ防止のための対策に関する基本的な方針を定めなければなりません。

委員会のメンバーについてですが、そもそも第三者を入れる趣旨は、学校側に不利な内容も含めて、事実関係を公平かつ客観的に調査し、対策を提言していくという点にあります。ところが顧問弁護士の場合、学校は顧問契約の当事者である依頼人ということになり、弁護士は依頼人の権利や利益を守るために事務を処理せざるを得ません。そうなると、学校側に不利な事実関係の調査や、学校側の対応の問題点の指摘などについて、ないがしろになってしまう恐れがあるため、適任とはいえないわけです。

八塚

一方、スクールカウンセラーは、臨床心理士や認定カウンセラー、精神科医など生徒の臨床心理に関する高度に専門的な知識及び経験を有する者であることが要件とされており、学校側や保護者とも利害関係をもたない外部性が要求されています。文部科学省児童生徒課が二〇〇九年に発表した「児童生徒の教育相談の充実について」という報告書でも「スクールカウンセラーに求められる資質として、専門性と外部性が挙げられる」と指摘されています。したがって、委員会のメンバーとしてもふさわしいといってよいと思います。そういう趣旨から、顧問弁護士はダメで、カウンセラーは大丈夫ということになるわけですね。

さて、先ほど出たようないじめの周辺での事実の断片を教員が拾い集めた材料が後押しをして、いじめの被害生徒が訴えたとすると、そこからこのいじめの詳しい調査がスタートすることになります。

ただ、いじめは人間関係がつくられていく中での関係性の病なので、必ず一定の時間での相互のやり取りがあります。結果として被害者の自死などが起こってしまえばもちろん大変なことになるわけですが、加害者側からもそれなりの主張は当然あるわけです。

横松

また、実際にいじめの過程での時間の幅があることや過去のいじめについては、時間がだいぶ経過してから発覚するパターンもあります。そういう場合、警察と異なり強制捜査権限を持っていない教育機関である学校の調査は、過去にさかのぼって被害者と加害者の双方の言い分を聞いて、共通了解を取りながら調査作業を進めていくことになるでしょう。もちろん学校として、最大限の力を込めてそれに取り組むことは大前提ですが、それでも詳細な事実をきちんと確定していくことに相当な困難を伴うことは、率直に言わなければならないと思います。ファイル１の「ＳＮＳをめぐる問題」で、学校の責任の中身が在学契約論からまとめられていましたが、その中の、とくに安全配慮義務の点から言うと、たとえば、いじめがあることを知りながら、学校がこれを放置したような場合は、生徒に対する義務違反となります。つまり、いじめの存在やそのきざしに何らかの形で気づいていたにもかかわらず、調査を行わないことでいじめが拡大、継続するという側面が当然ありますので、結果的に調査を行わないことは安全配慮義務違反になるわけです。

また、いじめ被害の疑いが発生した場合には、その原因が、学校内のいじめや嫌がらせによるものかどうか、具体的には、可能ならまず被害生徒本人から説明を受け、加害生徒、周囲の生徒からも事情を聴くなどの事実関係を調査した結果を、生徒や保護者に報告する義務があります。そうでないと、いじめの継続や再発を防ぐことができず、生徒の学校生活上の安全を確保することが困難になるという理屈からです。

判例でも、地裁や高裁の判決で、保護者が自分で、学校生活に関する問題を調査することには限界があり、学校はそれに比べると容易な立場にある。だから、たとえば被害生徒の自殺が、学校でのいじめや嫌がらせなどによる疑いがある場合には、すでに被害生徒本人からの聴き取りはできないので、他の生徒に情報提供を呼びかける。その中で、被害生徒の日ごろの生活の様子など、自殺に結びつく可能性のある事情を調査し、その結果を保護者に報告する義務があると言っています。

そのうえで、おっしゃるように学校には強制捜査の権限がないので、調査をされる側の同意を得た聴き取りを基本とせざるを得ません。とくに中高生という多感な年代の若者に対しては、被害生徒だけでなくその他の生徒の心情やプライバシーなど精神面に配慮した慎重な調査が行われるべきだと考えられています。

山崎

また、実際にその範囲で実施される学校の調査を精一杯し尽くし、もちろんその姿勢がとても重要なことは言うまでもないのですが、そこには自ずから限界もあります。だから事実の全容を詳細に明らかにして、真実に到達できるかどうかは困難なことが多いと思います。その点について法的に言えば、努力する義務はあるが、解明できなかったという点について、結果責任を学校は負わないといってよいでしょう。

たとえその調査結果を被害生徒の保護者が納得しなかった場合でも、法律的に調査義務違反になるかといえば、なりません。誰も不可能を強いることはできないからです。

学校が行う調査は、あくまでも関係者の同意や協力を得て行うものですが、一方で在学契約論の観点からは、生徒や保護者も調査に協力する義務があるといえます。もちろんそれがすべて強制力を持つという意味ではありませんが、調査をスムーズに進めていくための法的な説得材料にはなるかと思います。

また、調査対象のいじめの有無の問題とは別の問題が起こらないように、調査を行うにあたっては、加害生徒を含め、未成年の生徒の心情面に配慮する必要があると思います。

八塚　被害生徒も保護者も追い詰められ、心に大きな傷を負い苦しんできたことからいうと、学校の教育機関としての制約があっても、いじめられたと認識している側から言えば、不十分な事実しか解明できなかった点については、納得できない気持ちになるでしょうね。結局、事実調査の内容とその過程をどれだけ誠実に、被害生徒とその保護者に説明できるかということが大きいんですね。

横松　その通りです。今、言ったように、学校が可能な限り調査を行い、その結果解明に至らない場合は、確かに法的な調査義務違反とはなりませんが、その保護者に対し、調査の経過や結果については、十分に説明する義務があります。
　ただ、誠意を持って十分説明した結果、最後まで被害生徒の保護者の心情的納得が得られない場合であっても、説明義務は果たしたことにはなりますので、その点は触れておきたいと思います。

山崎　学校が行う調査というのは、多面的な意味や役割を持っていると思います。被害者からすれば真実を知りたいという要請に対する応答という位置づけになりますし、学校に対する信頼の尺度にもなると思います。また、もしかすると、損害賠償のための証拠収集という意味もあるかもしれません。
　学校としては、事実関係を明らかにすることにより、今後の指導に生かしていくということもありますし、加害者の生徒に対する特別指導や処分の基礎となる事実の確定ということもあります。内部的には、学校自身または管理者、教員の責任の有無という問題にもつながってくると思います。また、加害者の生徒と保護者からすれば、処分を受けるかもしれない基礎となる事実になります。

そうした多様な利害関係が生じる可能性がある中で、まずは事実を明らかにすることが重要なんだということに、関係者全員の共通意識を持てるかどうかだと思います。弁護士としては、法的責任の有無や責任追及ということだけではなく、とくに調査の客観性や妥当性に対する法的アドバイスなどによって、事実を明らかにすることに対する関係者の納得感を高めたいという思いはあります。

八塚

こうしたいじめ問題が起きた場合、被害者や加害者だけの一部の問題としてではなく、学校のすべての構成員全員が我事として痛みを感じられるかが大きいですね。いじめのあったクラス、学年、そして学校全体に、もちろんプライバシーの問題もありますから、話す内容のレベルを変えた方がいいでしょうが、起こった事実についてきちんと真正面から説明責任を果たしていく。こうした事件は、何よりもそうした日頃の姿勢を通じて、保護者との信頼関係をつくれているかどうかのバロメーターにもなるんだと思います。

横松

ただ、いじめは、たとえば「いじめをなくしましょう」というポスターを貼ったからといってなくなるわけではない。初期のいじめ段階から、不登校やましてや自死に至らせるような深刻な段階にさせないためにも、教員のアンテナの感度を研ぎ、なるべく早期にみつけること、クラス集団としてその解決を通じて学び成長できるために、保護者に協力を呼びかける意味でも、説明責任の大切さがあることを改めて確認しておきたいと思います。

事実関係を十分に解明できない場合でも、当事者である生徒が訴えている被害の内容をきちんと説明していく。それは学校として、多くの保護者や生徒の理解と協力を得るための義務でもあり、教員側の決意表明の〈あかし〉だと考えます。

引用・参考文献
片岡洋子「いじめのなかの子どもたち」（教育科学研究会編『いじめと向き合う』旬報社）
松浦善満「いじめ対応の新たな段階と生徒指導の課題」（月刊「生徒指導」学事出版、二〇一四年八月号）
宮下聡「いじめ解決体験を子どもの学びにする」（前掲書『いじめと向きあう』）
森下洋司・清永賢二『いじめ――教室の病』金子書房
内田良『教育という病』光文社新書

FILE 03 学校は今、近所から迷惑施設になっている？

教育の眼

最近多くの学校で、生徒の登下校中の歩き方や電車内でのマナー、クラブ活動帰りにコンビニの外で買い食いしている様子などに対する苦情の連絡が、学校の外から入っている。自分たちの話しに夢中になると周りに配慮できずに、それが傍若無人の振る舞いとして感じられることが多いのだと思う。

以前に比べると幼く、育っていない生徒が多くなっていることを、現場の私たちでさえ実感しているくらいだ。近隣や学校外の方がなおさら不快な思いをされ、強く苦情を言いたくなる気持ちも十分理解できる。

そして、その多くは、日常的なしつけの不十分さの指摘だけではなく、学校教育に対する期待の表現なのだと受け止めたいと思う。

でも、学校が厳しく注意したからといって、すぐに一糸乱れず全校生徒がそれに従うわけではない。放置しているわけではないのだが、この種の問題は、すぐに効果が表れないことが多く、大半の学校ではそのことに頭を抱えていることも事実だ。

先ほども述べたが、生徒たちはみんな思春期

現場と法の対話

登下校路でのトラブルをめぐって

まっただ中に生きている。それは、言われたとおりに行動する自分から、自分が納得した意志に基づいて行動する自分へと成長していく過程でもある。どんなに「あたり前の注意」であっても、そう易々と全員が言われた通りに行動するわけではない。そうしたくない時期であることを前提に、注意する側もその中身をきちんと考えながら、各家庭と協力しながら粘り強くやっていくしかない。効果がすぐに表れないことで、とくに以前にも迷惑だと感じられた方にとっては、ますます不快感が増し、時には非常に感情的な苦情を学校に入れて来ることにもなるのだろう。

そうせざるを得ない気持ちを踏まえたうえで、今、学校として「できること」と「できないこと」、家庭で「できること」と「できないこと」、地域や社会が「できること」と「できないこと」を法的対応との境界も視野に入れて、それぞれの役割を分け持ちながら、子どもたちの教育を改めて考えなければならない時期に来ているのだと思う。

八塚 もちろん一部なんですが、〈教育の眼〉にもあるように前に比べると、周りに配慮できない行動をとる生徒がいるのも事実で、彼らが大きなスポーツ・バックを持って電車に乗っていてぶつかったり、登下校で話しに夢中になって、横に広がったりしている。しかもぶつかっても謝りもしないという苦情が入ってくるわけです。

そりゃ、不快になると思いますよ。しかもすぐに当事者の生徒が謝ってそうしたトラブルに対応することができればそんなにこじれないのですが、実は、多くの生徒はぶつかったことに気づいていない場合も多いんだと思います。もちろん、それ自体が周りへの配慮ができないわけですから、反省すべき事柄なんですが……。こうした近隣を含めた登下校のトラブルは、典型的な問題として今、多くの学校で抱えていると思います。

横松 そうした苦情は、どんな要望として入ってくるんですか。

八塚 その多くは、その事実を直接電話やメールで伝えて来られて、指導してほしいという要望だと思います。「学校できちんと日常のマナーを教えていないのではないか」「成績さえよければいいのか。どんな教育をやっているのか」という具体的なお叱りも、一方ではこうした生徒の問題への取り組みを教育活動の一環として理解していただいているからこそ出てくるのだと思っています。

山崎　どの学校の生徒かわかる制服を着ていたり、学校名が入ったバッグを持っていると、学校に苦情や意見をしようと思われる方が出てくるのですね。そういう場合は、どう対応されるんですか。

八塚　普通は、朝の職員朝会か連絡メモで、その事実を全教員に伝えたうえで、各担任の先生方から具体的事実を含めて全クラスで注意をすることが多いのではないでしょうか。とくに何回も同じような苦情が入る場合には、たとえば放課後の下校時間に教員が、長期にわたって道に立って指導することもあります。たぶん苦情電話が収まらない場合や、あるいは日常的に駅周辺に教員を配置している学校もかなりあるはずです。

「とにかく、すぐに先生方が生徒の登下校路に立って指導しろ」という電話をいただくこともあります。そうすることが当面の問題をすぐに解決するには手っ取り早いのですが、一方で、私立学校にはそれぞれの建学の精神や教育理念があって、登下校の道まで先生方がずっとついていなければいけないのか。生徒会の力を含めて生徒たち自身の力で何とかできないものかという思いもあり、しかし、そうした取り組みは、残念ながら即効性がありません。苦情の問題をまずは解決したいという思いと、教育活動の試行錯誤を大切にしたいというジレンマを持っているのが現場の率直な本音だと思います。

横松　どうしても学校外にいると、そうした先生方のジレンマは伝わってはきませんね。一般的には、いくら苦情電話があったとしても、学校側が、生徒の登下校の道に立つ必要は法的には出てきません。でもそれで何も議論せずに終わりにしてしまうと、学校現場としてはあまり参考にはならないわけですね（笑）。

山崎　確かによく考えてみると、このテーマは結構深い問題かもしれません。保育園は子供の声がうるさいから迷惑だといって設置に反対するというケースもあるようですし、一度きちんと整理しておくことは有益でしょうね。少しケースに分けて、このグレーゾーンに踏み込んでみましょうか。

まず、学校の近隣住民の方からの苦情の場合と、登下校途中で生じたトラブルなどに関する苦情の場合とに分けて考えてみたらどうかと思います。このように分けるのは、「学校」という施設が存在することによって生じる地域の問題と、登下校という行為によって生じる問題とでは少し考慮すべきことが違うと思われるからです。

八塚　なるほど。では、前者から議論していきましょうか。

横松　前者では、どのような苦情が多いのでしょうか。

八塚　登下校のマナーの問題は先ほどあげたとおりですね。この他に、たとえばどの学校でもあり得るのは、行事などでの放送やチャイムなどの音がうるさいといった苦情、部活動や体育の授業で使ったボールなどが近隣の敷地に飛び込んだりというケースもなくはないでしょう。

山崎　お話をお伺いしていると、学校自体が迷惑施設のようで、少々悲しい気持ちになってしまいます。でも、それはそれとして、法律的には学校は、適法にそこに存在しているわけですし、教育活動は近隣に迷惑をかけるような性質の行為ではありませんので、当然ながら迷惑施設ではありません。

それでは学校がやることならすべて許されるのかといえば、それも適切ではないわけです。この場合の利害調整のための考え方としては、「受忍限度論」という考え方があります。

何らかの迷惑をこうむる人が出たとしても、それは社会生活上、我慢すべき範囲のものについては、法的な権利が侵害されたとまではいえずに、責任はないという考え方です。

八塚　その考え方によると学校の行事での放送やチャイム、生徒の声などは我慢すべき範囲内ということになりますよね。

横松　音の大きさにもよりますが、そうでしょうね。体育祭や文化際など、とくに年に数回しか実施しない学校行事に関しては、侵害の程度は低いと思います。ボールが飛び込んだというのは、ネットやフェンスなどが適切に配置されているとすれば、例外的に起こったものと判断でき、学校に法的責任があるとまではいえないでしょう。

八塚　もちろん，どこの学校でもそうでしょうが、近隣関係はお互いに気持ちよくしていきたいと思っているので、もし事実に基づいた苦情があれば、よくお話をお聞きしたいと思います。また、そういう不快な気持ちにさせたことに関しては、学校としても法的責任とは別の次元で申し訳ないと思うことが多いのです。近隣住民の方々にとっては、まるでコンサート会場のように、毎日のように大人数の生徒が一定の場所に、行き来していることは間違いないでしょうから。

ただ、常識を越えた極端な苦情のケースの場合の対応については、「受忍限度論」という利害調整の考え方を学校の現場として持ち得ていることは、安心感を与えると思います。

山崎　では、次に登下校中のトラブルについて考えてみたいと思います。私立学校は、とくに広い範囲から生徒が通学をしてきますよね。電車などの公共交通機関を使って登下校することも、ある意味では当然の前提だと思います。

そうすると、そういった登下校時に起こるトラブルについても、学校として法的責任を負うべきだという考え方が成り立つのではないかといわれたらいかがでしょうか。

横松　私立学校に通わせようとする保護者は、入学するにあたって自宅から学校まで通えることを前提として入学をしているわけですし、学校としてもそういう生徒であることを前提に入学を許可しているという関係にあるのではないかと思います。

そう考えれば、やはり基本的には生徒個人、家庭でのしつけの問題だということが基本的な原則だと思います。

山崎　そうですね。異論ありません。おそらく生徒一人で登下校する場合にトラブルが生じることは少なく、集団になった場合に目につきやすいということもあるのかとは思いますが、登下校については基本的には交通ルールと公共マナーの問題、家庭で教育する部分が大きいわけです。だから登下校指導のために、先生方が近隣の通学路に立って指導する義務まではないと思います。

苦情自体は貴重なご指摘だとは思います。でも、ほんとうはその場に居合わせた人が、その生徒に対して大人として冷静にきちんと注意していくのが、一番効果的なのではないでしょうか。この問題はやはり、学校が全て引き受けなければならないというものではないと思います。

八塚　登下校中に生徒の鞄がぶつかったなどについて、生徒にわかる言葉でその場で注意していただいたケースでは、そのこと自体に気づかなかった生徒も含めて素直に謝罪することが多いようです。もちろん、せっかく注意していただいたのに、その言葉の内容が受け止められず言い訳をしたりすることで、逆に不快な思いを増幅させてしまうケースもあります。だから実際に登下校中の中高生に、面と向かって注意することは、ハー

ドルが高いということは理解できるところです。

学校の責任のテーマに戻ると、電車やバス、近隣の通学路での生徒登下校については、学校としての絶対的な責任や監督しなければならない法的義務はないということですね。また、この点については、家庭はもちろんですが、社会も何らかの形でその教育的役割を分け持たなくてはならない領域ではないかという問題提起だとも受け止めました。

もちろん私立学校としては、その教育活動の側面として、電車やバス通学してくる生徒に対して、そのマナーやルールを教えていく必要は、当然あると思っています。また、通学路に教員が立つかどうかも、その一環としてということになりますが、その時々の苦情内容や頻度、その状況に対する各学校の判断によると思います。

ただ、今回の対話を通して、学校として改めて考える必要があると思ったのは、次の点なんです。

つまり私立学校として、対外的な評判という点も考慮せざるを得ないので仕方ない面もあるのですが、生徒の登下校については、おそらく多くの学校では、苦情があれば即効性を求めて、その対応について責任を持たなければいけないと考えていると思います。

この点に関しては、少なくとも、もう少し保護者や各家庭との責任分担のあり方を再考し、学校側から頻繁に問題のケースを丁寧に伝え、協力を大胆に呼びかけながら、一緒によりよい学校にする作業に参加してもらうことが大切だと思ったのです。

横松　近隣などからの苦情の中には、トラブルになった生徒が誰かを特定したいから、生徒の写真を見せるよう要求してくる例などもあり得ます。しかし、学校は捜査機関ではないので、「加害者」特定のための調査義務は生じません。ですから「調査します」という約束をする必要はありません。「生徒に呼びかけて注意を厳しくうながします」ということでよいと思います。

法的責任の線引きを、生徒の保護者との協力共同の成果に結びつけるために活用していただければ、ここでの対話の意味も深まります。

FILE 04 学校のルールと特別指導をどう考えるか？

教育の眼

学校には校則などのルールがあるが、その基本的な目的は、生徒一人一人の「学習環境の維持」と「安全・安心して生活できる権利」を守ることにあるといってよいだろう。

これに基づいて、生徒たちは次のような権利と義務をもっていると考えられる。

まず、生徒たちには、授業を受ける権利である学習権と、自分の意見や心情を述べる意見表明権、一人の人間として尊重されるという権利がある。

もちろん自分が持っている権利は、他の生徒も持っているわけだから、自分が他の生徒から尊重されるのと同時に、自分も他の生徒の権利を尊重する必要があることは言うまでもない。

と同時に、社会の法令や公共のマナーを守り、とくに私学の場合は建学の精神やこれまで数多くの先輩たちがつくってきた伝統と、その中で形成してきた「社会的評価」を傷つけることのないように行動する義務も負っているだろう。

次に、学校生活における主なルールを、いくつかまとめておこう。

1　他人の権利を尊重すること。具体的には、学校内外での暴力・脅し・盗み・中傷・侮辱・いじめなどは許されない。

2　授業を尊重すること。携帯電話や授業中の飲食の他に、とくに他の生徒の学習権を侵害する行為は禁止される。また、定期試験などでの不正行為は許されない。

3　自分の心身を損なうことは許されないこと。とくに、喫煙・飲酒・薬物などの使用は禁止される。

4　学校内外の施設・備品を大切にすること。物を故意に壊したり，落書きするなどの行為は許されない。

5　通学時の自分の安全を守ること。自転車による通学など、交通ルールを遵守して、加害者や被害者にならないように注意すること。

6　各学校に相応しい服装や身だしなみに注意して登下校をすること。

もちろん多少の過不足はあるかもしれないが、これらは、生徒たちが日常を気持ちよく生活するために守るべき各私立学校でのほぼ共通したルールだと言えるだろう。そして、これらのルールに違反した場合には、その侵害の程度によって各学校で決められた手続きにしたがって、特別指導が行われることがある。その手続きは、ほぼ次のようなものが一般的だろう。その事件に関わった生徒全員に対して、その生徒たちが所属する学年団や担任を中心に複数の教員が立ち会いのもとで、事実関係を詳細に調査・確認する。その中で生徒たちが、その行為に至った事情や理由などを弁明する機会を保障する。

そのうえで、学年会などのいくつかの生徒指導に関する議論と決定を経たうえで、校長が生徒の特別指導の内容を最終的に決定する。この特別指導には、校長訓告指導、有期と無期の謹慎指導がある。

謹慎指導は、一定の期間、これまでの自分自身を見つめなおし、行為の反省のために、担任や学年の先生方を中心に指導を集中して行う。期間は、行為の内容によって異なり、日数が決まっている場合と、反省の状況によって謹慎指導の期間が解除される場合とに分かれる。

生徒のルール違反の行為の中で、とくに学校の社会的評価を著しく傷つけた場合、法令などの社会的ルールを侵害した程度が重いと判断される場合、指導されたのにも関わらず，同一行為を繰り返すなど、指導に従わないと判断した場合については、退学処分を下す場合もある。

そこで問題になるのは、最後の退学処分にあたるケースだろう。一度その生徒を学校に入学させた以上、何とか卒業まで指導していきたいと思うのが現場教員としての当然の思いであることは言うまでもあるまい。そして実際、退学処分にするかしないかというギリギリの決定の過程に関わるときの悩みが尽きないのも事実なのだ。明らかに退学しかないだろうという基準を満たしていても、外に出さなかった方が良かったのではないかという後悔や、逆に、その生徒のこれからの人生にとっては、むしろ環境を変えて別の場所で生き直させた方がよかったのではないかという思いをすることもある。

人生九〇年を見通しながら、中高生というやり直しが何度もきく時期だからこそ、自分のやった行為に真正面から謙虚に向き合えるかどうか、そしてそれを保護者も含め家庭が受け止められるかどうかが、一番のポイントになるのではないか。

　生徒の懲戒については、学校教育法で暴力などの体罰は禁止されたうえで、その具体的な主な内容は施行規則に規定されている。

　まず公立はもちろん私立であっても小中学校での停学処分は許されていない。ただし、義務教育ではあっても、私立中学では退学処分が認められている。その際の条件は四つあり、「1、性行不良で改善の見込みがないと認められる者　2、学力等で成業の見込みがないと認められる者　3、正当の理由なく出席が常でないもの　4、学校の秩序を乱し、その他学生または生徒としての本分に反した者」である。

　また、最高裁の判例によれば、各学校は法令に特別の規定がない場合でも、各学校の決まりである学則などに規定できる自主的な権利を持つとされている。そして各学校での生徒の懲戒などに対する判断は、原則としてその手続きや内容が社会常識の範囲内であれば、教育上の専門的な判断として尊重されることになっている。

現場と法の対話

退学処分の判断をめぐって

八塚　特別指導の中でもとくに議論したいのは、やはり生徒が退学になるケースです。

保護者も生徒本人も懸命に勉強し受験をして入った学校である以上、何とか残りたいと思うでしょうし、また、教員の方も、とくにその生徒の担当学年や担任の先生なら、卒業まで面倒を見たいと思うのは当然の感情だと思います。そして、途中で退学になった場合には、中・高・大の教育機関で異なるとは思いますが、次の進路を考えるとマイナスに働く場合もあるでしょう。

しかし一方で、生徒本人がやった行為について誰が考えても悪質な場合、これから長い人生を生きていく生徒にとって、その行為をきちんと真正面から見つめられる重大なけじめをつけられるかどうかが、大変大きいと思えることもあるわけです。それは法律的にどうかという点だけでなく、もはや、その学校にとどまれるかどうかという枠を超えて、本人がこれからの長い人生をまともに生きていけるのかどうかを、生活指導の観点から言えば学校と家庭が共に考え合ってはいかなくてはいけないテーマなんだと思います。

もちろんそのレベルをどう判断するかの見方が、教員の間でも、保護者との間でも当然ずれる場合もあるし、また、それだけでなく私学の場合は、それぞれの建学の精神やこれまで大切にしてきた生活指導の際に寄りそってきた原則の歴史を考慮しなければならないという側面もあるでしょう。だから、このテー

山崎　マはいくつかのジレンマを抱える難しいテーマであることは間違いありません。懲戒処分をする際の法的制限については、「教育の眼」にもあったように学校教育法施行規則二六条三項に四つの場合が規定されており、また二項には懲戒の中でも退学や停学、訓告の申し渡しは、必ず校長が行うことが規定されています。

八塚　もちろん各学校の学則でより具体的、詳細なものが定められていればそれによることになりますが、ここでは前記の規則にそって検討してみたいと思います。そこでたぶん現場で問題になるのは二つの項目だと思うのです。まず、一番目の性行不良で改善の見込みがないという要件と、四番目の学校の秩序を乱し、生徒としての本分に反したという要件についてです。

一番目で言えば、改善の見込みがないということを認められるのは、いったいどの程度のレベルが必要なのか。おそらくある性行不良な行動を取った場合、学校として、学年を中心にその行動に向きあわせ、再び繰り返すことがないように指導を行うことになるでしょうが、それでも同じような行為を繰り返した場合のレベルをどう考えるか。頻度なのか、その行為の重さなのか、中々難しい問題です。しかも、まだやり直しや変わる可能性が高い中高生に対して、改善の見込みがないと判断できるのかという根本的な問題も残るでしょう。

横松

退学処分は、生徒の身分をはく奪する重大な措置であることは言うまでもありません。私学の場合は、中高校生のいずれに対しても退学処分を行うことができるわけですが、性行不良で改善の見込がない、または学校の秩序を乱し、生徒としての本分に反した者であるといえる判断としては、その行為の程度の軽重の他、その生徒の性格及び日頃の行動、その行動が他の生徒に与える影響などを考慮したうえで、この生徒を学校外に排除することが教育上やむを得ないと認められる場合に退学を選択すべきことになるでしょう。

そして、改善の見込みがあると判断した場合には停学処分、一方、日頃の行動にも大きな問題がなく、改善の見込みがあり、他の生徒に与える影響などを考慮しても停学処分とするほどの必要性がないときは、訓告処分により、注意や反省を促すということになると思われます。

八塚

今の基準を私なりに整理すれば、行為の軽重をまず判断し、さらにその行為の他者への影響といったある種の客観的側面と、その生徒の性格や日頃の行動などの主観的側面の二つから考慮するということですね。

ただ、これでもまだ一般的過ぎると思われますので、もう少し判断基準を具体的に考えていきましょうか。

山崎

はい。私立学校の場合はやはり建学の精神や、学校の方針というものに基づいた教育をしていくことが、存在意義そのものだと思うのです。そして保護者や生徒もそれに賛同して入学をしている関係にあります。

懲戒についてもその事実を前提として考えるべきではないでしょうか。「性行不良で改善の見込がない」というのも、その生徒の人間性を決して否定しているのではなく、その私立学校が行おうとする教育と一致しない程度が大きく、その原因がその生徒の性行にあると考えるべきだと思います。

改善の見込みについても、ご指摘の通りその見込みがまったくないとは中々言い切れないとは思います。でもまず、行った行為の重大性や他の生徒への影響を考慮することが必要でしょう。そして、その影響というのは、その生徒本人が、その後の学校生活を、そうした周囲の状況の中で、それなりに平穏に過ごせていけるのかどうかという判断を含めて考えるべきではないかと思います。

また、懲戒処分については、学校及び校長の裁量権がありますが、教育目的の実現という点からもその幅は大きいと考えられます。教育の専門家である学校及び校長がそのように判断したという事実それ自体が重いと判例でもとらえられています。それを前提にしたうえで、その判断が、与えられている裁量権を超えているかどうかが法的な判断の対象となるわけです。

そして、その判断についてですが、まず、処分手続が適正であったかどうかが問題となります。具体的には、調査、評価、判断の各過程において慎重に判断をすること、対象となる生徒に弁明の機会を与えることが必要になると考えられます。

次に、先ほどの建学の精神等に照らして、学内にとどめておくことが相当ではないかを検討します。これは、高等学校と中学校で判断基準が異なってくると思います。

中学校の場合は、中学生であることから、なるべくやり直しの機会を与えるべきではないかという面は当然あります。しかしそれも違反した行為の評価によるでしょう。とくに義務教育ということから、仮に私立中学校を退学になったとしても公立での教育の機会が保障されますので、教育の機会が奪われるかという観点からはその影響はやや小さいでしょう。それらを総合的に考えていくことになると思います。

高等学校については、退学になった場合は、改めて他の高等学校に編入することももちろん可能ですが、現実的には就学の機会が奪われる可能性が高いため、その判断は慎重にすべきだという面はあるでしょう。しかし義務教育機関ではないことから、自分でその学校のルールにしたがって学ぶことを約束して入学していると考えられることと、中学生に比べれば自分のやったことの責任は自分自身がしっかり取るべきだという面からも、より厳しい判断をする場合もあると思います。

もちろん、中学、高校のいずれの場合も過去の処分との比較において公平かどうかということも検討対象になるでしょう。

八塚　なるほど。改善の見込みがないという基準の中身を私学としては、そのようにとらえて具体的に検討すれば、より明確になるということですね。

次に、四番目の学校の秩序と生徒の本分についてですが、生徒が極めて悪質な犯罪行為を犯したり、あるいはそこまではいかなくても、誰が見ても非常識な行動で、学校としての社会的評価を傷つけたと考えられる場合は、この項目を使うと思うんですが、私学の場合の社会的評価をどのように考えればいいでしょうか。

山崎　学校の社会的評価とは、これまでに学校が築いてきた伝統、校風、実績などに対する社会の評価をいいます。それが大きく壊されるような行為は退学に値するということになるでしょう。

また、私立学校は、私人である学校法人が運営しています。生徒を集め、教育を実施し、卒業させ、卒業生が社会において活躍する、そのプロセスを繰り返すことで学校の評価が高まっていきます。

したがって、学校経営という観点から、このプロセスを壊すような秩序違反、簡単にいえば、他の保護者が入学させたいと思わないような行為をした生徒については、学校としての秩序を維持し、正常な教育活動を生徒に対し保障する必要がありますので、名誉回復を図るためにも退学という選択肢を取らざるを得ないということになると思います。

八塚　むやみに退学させればよいというものではありませんが、学校の総合的な判断として、そういう事態もありうるということですね。

それから、運用の世界ということになるかもしれませんが、実際には退学処分をした後でも、学校としては、その後の生徒の生活にとって不利にならないように、その生徒の方から自主的に転校や退学してもらうという措置をする場合が多いと思います。

山崎　学校側の裁量として、内部的には退学処分であったが、形式的にはそうせずに、自主的な転校や退学届を提出してもらうことで、その生徒に退学処分をしたという事実を残させないということが特徴だと思います。退学処分を受けたということになれば、その生徒の学籍簿に記載しなければなりませんので、転校や編入先の学校にもその事実が伝わることになります。本人の再出発にとっては自主転校や自主退学という事実上の処理は妥当だと思います。もちろん、学校として自主転校勧告を経なければ退学処分ができないということはありません。

FILE 05　学校内の生徒のけがをどう見るか？

教育の眼

学校内で、授業中や休み時間、学校行事やクラブ活動などで生徒がケガを負い、それが元になって後遺症が残ったりするものを総称して「学校事故」と言っている。その補償制度として日本スポーツ振興センターから医療費が給付されることになっているが、実際に事故が起きて給付された件数は、年間二〇〇万件以上を数えているという。

もちろん日々、さまざまなリスクを伴う学校から時に発せられる「ある程度のケガは起こるのは当然だし、何でも危険だと言っていたら何もできない」という言葉に、現場にいる側の一人として完全には否定できない部分があることも事実だ。たとえばクラス内のケンカを一つとっても、人間関係のトラブルとその葛藤の中で起こる面が少なからずあることも否定できないからだ。

しかし少なくとも、後遺症が残るような事故を起こさせないための学校や教員の責任を明確化しておくことは必要不可欠だろう。

もちろんこうした事故は、普通の授業だけではなく、学校行事や運動部系のクラブ活動でも起こり得る。

たとえば体育祭や臨海学校、遠足や修学旅行などの学校行事も、教育課程内に位置づけられている。だから学校側に、授業と同様の高いレベルの安全配慮義務が課せられることになる。

具体的には、あえて危険性の高い場所や内容を選ばないこと。事前の下見などの周到な準備や生徒への十分な事前説明。引率教員の適切な人員配置や万一、事故等が起こった場合の対応マニュアルの徹底などが考えられるだろう。

このテーマについて近年、積極的に発言してきた内田良は、学校行事の「感動系スペクタル」や「よいことをしている」という大義からいったん離れることを提唱する。そのうえで、事故を防ぐためにも感情的な意見のやり取りではなく、学校現場で起こる事故を冷静に直視し、科学的根拠に基づいた分析と予防策を講じる事を主張している。


クラブ活動についても、内田は中澤篤史の研究の一部を使って、こう説明する。

部活動の指導を、たとえ負担になろうとも教員たちは自分たちの使命として位置づけ、世間もそれを当然の責務だと考えてきた。その考えが現在も維持されている歴史的背景に、戦後の教育改革期に、スポーツ活動を子どもの自主性として守ろうとしてきた教員集団の崇高な理念があったと。

しかし、クラブ活動の学校教育での位置づけは、授業や学校行事とは異なり、正規の教育課程の外であって、制度上は生徒と教員の自主的な参加と関わりによって運営されることになっている。時代の変遷を経て、そこから改めて部活動の顧問教員と生徒の負担についての考えをめぐらせる時期だということなのだろう。

読売新聞編集委員の服部真は解説記事の中で、中学高校の運動部顧問教員の多忙感を解消する施策として、中央教育審議会が「部活動支援員」導入を検討していることを報じている（「読売新聞」二〇一四年六月二六日付）。外部人材を法令で学校職員として位置づけ、正規の教員が同行していなくても、公式試合の監督を含めて教員の代わりができるようにする制度だ。

この点についても内田は、以前から導入されてきた運動部顧問での「外部指導者」の例を引く。彼らの中には、競技経験は豊富かもしれないが、スポーツ科学の知識がなく、経験主義からの精神論的な指導をする人がいることも否定できない。その場合には、むしろ事故が起こりやすくなるという危惧の声もあげているのだ。

内田が投げかける問題意識は、この領域での生徒事故を防止させるための防波堤として考えるべき大切な視点だと思う。

ただ、個々の生徒で異なる限界を見極めながらそこに挑戦させる熱意と、それだけの科学的知識に基づくバランス感覚もって技術指導を行っている体育教員や外部指導者も多いのではないだろうか。経験主義の精神論では、今の生徒たちの心にほんとうの意味で響かないし、それだけではよい結果が出ないことも、現場では十分に認識できるからだ。今の時代を呼吸している生徒たちとの日々のやり取りを通して、その指導法を変え続けている専門指導者がいることも指摘しておきたいと思う。

もちろんだからこそ、内田の問題意識を念頭に置きながら、改めて個々の教員や外部指導者が自らの専門性の中身を捕らえ直し、専門家としてのプライドをかけて、その質の吟味をしていく必要があるのだと思う。
　とくに私立学校の場合には、建学の精神や教育方針としてスポーツ系クラブはもとより、文化系クラブ活動にも力を入れて、全国的に有数な存在となっている学校も多い。それにあこがれ、期待感をもって入学を希望している生徒もいることを考えると、なおさら個々の学校での専門性の質の吟味が重要になることだけは間違いないだろう。

現場と法の対話

八塚

生徒のケンカや授業時のケガをめぐって

学校現場においては、残念ながらさまざまな事故が起こる可能性があることは否定できません。たとえば人間関係のトラブルとしてのケンカについて、最初に考えてみましょう。学校生活の中で生徒たちが他者を受け入れるための葛藤を繰り返しながら成長していく。そのための経験として、他の生徒と衝突することもあるでしょう。でも、そうしたケンカがあるレベルを超えた暴力を伴ったり、そのケガによる後遺症が残るなどの結果をもたらした場合には、当然それでは済まないわけです。

授業中に起こることはめったにないと思いますが、もちろん何らかの理由によって起きた場合には、授業担当者がその時間は大きな責任を負っていると考え、機敏に対処することは当然だと思いますが、それが昼休みや放課後など、教員がずっとついていられない場合はどうなのかという点が気になります。


山崎　学校事故が発生した場合の学校および教員の責任については、その場面ごとに考える必要があると思います。

もう何度も触れていることですが、学校法人と生徒の保護者との間の在学契約から、学校側は、生徒を保護監督し、安全に配慮する義務を負っています。ですから生徒がケガを負った際に、学校に落ち度がある場合には、ケガの「損害」についての賠償をする責任を負うわけです。これを「債務不履行責任」と呼びます。

また、契約関係にあるかどうかにかかわらず、学校に落ち度があり、これによって生徒がケガをしたという関係が認められれば、学校が「不法行為責任」を負うこともあります。さらに、学校の校舎やグラウンド、備品などが原因でケガを負った場合には、学校は、その設備を設置した責任である「工作物責任」を負うわけです。

これらは契約関係にある生徒が、これを責任追及の根拠とすることもできますし、契約関係にない第三者、たとえば、文化祭で訪れた方などが責任追及の根拠とすることになります。

また、前にも述べましたが、個々の教員に落ち度があって生徒のケガが生じた場合、私立学校では教員個人が直接、不法行為責任を問われることになります。この場合は学校も、その教員を雇用している立場としての使用者責任を負うことになるわけです。

さて、生徒間のケンカによって相手にケガをさせたり、身につけているものや学用品などを壊したりした場合は、たとえ学校内においても加害者が刑法上は傷害罪や器物損壊罪に問われることがあります。もっとも加害者と被害者との間の責任の有無などは、当事者間で解決すべき問題であり、基本的にその点に限定すると学校は関与する立場にはありません。

それを前提として、学校や教員個人の責任の内容を、具体的な場面について検討していくと、授業中や朝・帰りのＨＲ時間中については、とくに注意を払うことが求められますので、ケンカが起こった場合には当然ながらこれを防止する義務があります。

八塚　つまり、授業時間とそれに準じる時間については、教員には普遍の時よりも高度の安全配慮義務が課せられるというわけですね。あたり前のことですが、授業で黒板だけしか見ないとか、生徒の顔を見ずに自分だけの世界に没頭するような「ひとりよがりの授業」をしていくのは論外ですね（笑）。

山崎　はい（笑）。原則論をいえば、そのケンカが教員の予測ができないような原因によって起こったり、それを止める間もなくケガを負わされたような場合は、教員の責任は問われることはありませんが、まず授業中にそのような異常行動が起こることはあまり考えられないので、目の前の生徒に必要以上の注意を傾ける必要があると考えます。

八塚　今の点と関連することですが、たとえば授業中に生徒が騒いでいるのにもかかわらず、担当教員がそれを制止できずに、他の生徒の授業を受ける環境を妨げるような場合は、学習権の侵害として、教員の責任が問われることもありますね。

山崎　理論的にはその可能性はあると思います。ただ実際に、学習権が侵害されて、それが法的な責任を負うレベルであると判断されるのは、まったく授業が成り立たない期間がある程度継続するような場合でしょう。たまたま、ある日の授業が騒がしくて授業が進まなかったというだけでは、法的な責任が生じるということはないと思います。建前論かもしれませんし、先生方の力量が問われる点かもしれませんが、そのようなことが起これぱそれを一つの教材として、教科教育だけではない教育を行うチャンスでもあるわけですので、単に予定していた授業ができるかどうかだけで判断するべきではないように思います。塾や予備校であれば契約違反かもしれませんが、学校で行う教育はもう少し幅が広いものだと思います。

八塚 次の点ですが、普通は教員がいることが予定されている授業中などの時間と違って、授業の合間の休み時間や昼休み、放課後については、少し違う責任になるわけですね。

山崎 これらの時間は、放課後も含めて常に教員が監督をすることを予定されていないことから、原則として学校、教員の注意義務違反としての責任は問われないと考えられます。

ただし、学校や教員が、けんかになりそうな生徒間のトラブルを知っていたとか、ある生徒が人間関係をつくりにくく、これまでの経験でトラブルを起こしやすいということを把握していたなどの事情がある場合には、けんかに発展することを防止する義務があったと判断される場合もあり得ます。だから、単に休み時間であるから学校や教員には責任はないということにならないケースもあるでしょう。

また、教員に責任がなかったとしても、けんかの際に、学校の設備や備品の管理が不十分なことによってケガをした場合、たとえば学校の屋上のフェンスや柵が壊れていてそこから転落してしまったような場合、フェンスや柵の管理、修繕が不十分なために損害が生じたり、拡大したりしたのであれば、先ほど述べた工作者責任としての損害賠償義務を学校が負うわけです。

八塚　それは、施設の管理者・所有者としての責任ですね。ところで教員の責任に戻りますが、学年の教員や担任が、ある生徒が周りとの関係がつくりにくいこともあって、これまでも何回か生徒間でトラブルを抱えており、当然これからもそうした問題が起こりそうな事情を把握していたとしても、実際に昼休みや放課後に必ず教員がいるかというと、そうは言い切れないわけです。かといってその生徒を他の生徒からずっと隔離することもできないわけで、その場合は具体的にはどういうことが必要なのでしょうか。

山崎　そのトラブルが、具体的な暴力などにつながるおそれがどれくらいあるのかによりますね。法律的には予見することができたかという問題と、そうならないような措置をすることができたかという問題になります。

八塚　教員がずっと張りついていなければならないということではなく、たとえば、他の生徒に対して、その点に関する注意喚起を十分に行うとか、徐々に他の生徒と接触する時間を増やしていくといった形での対応をしていくことで、状況をコントロールできていればよいと思います。そして、これらの判断の基準は、対象となる生徒が中学一年生なのか高校三年生なのか、生徒の心身の発達状況によって変わってくると思います。

横松　今の論点で話してきた内容を少し整理すると、学校や教員の安全配慮をする義務の具体的中身については、その生徒の年齢や心身の発達状況を考えることが基準になるということですね。

山崎　そう考えた方がよいと思います。図式的にわかりやすいのは、小学校を卒業したばかりの中学一年生と、卒業間近の高校三年生は、同じ校内にいたとしても同列に扱うことはできず、前者に対する注意義務の程度は比較的重く、後者に対するそれは比較的軽いということになります。

学校は教育機関ですので、三年ないし六年間で生徒とのさまざまな関係の中で大人になるための成長をうながす場でもありますから、生徒の人格や自主性を尊重することも必要です。だから、そのことも注意義務の内容、程度を考慮する要素と考えるべきだと思います。つまり結果の重さだけの評価だけではなく、教育的側面にも配慮するのが現場の実情にかなうと思います。法的には、学校や教員に裁量権があるということです。

八塚　もう一度確認しておくと、年齢を重ねていけば、それに見合った発達段階での安全配慮義務の中身が軽くなっていくわけですが、一方でご家庭からも相談があり、たとえば周りとの関係論をとりづらい生徒に対しては、個別にそれ相応の安全配慮をしていかなければならないし、その中身は、先ほどのレベルで考える必要があるということですね。

山崎　特別な事情がある場合、学校としてはできる限り配慮をする必要はあるでしょう。ただ、それも程度問題だと思います。学校という集団での行動や生活を行うことを前提としている場では、特定の生徒だけに、行き過ぎた特別扱いをしていくことは、本来の教育目的を達成できないおそれも出てきてしまうと思います。

八塚　授業時間との関連でもう一つ取り上げると、たとえば体育の授業中に生徒がケガをしたケースです。当然、ケガの状況によりますが、念のため保健室に行かせる場合が多いように思います。ただ、保健室でも生徒本人がたいしたことはな

横松　いと言い、見た目から症状も重くなさそうだったため、養護教員の判断で医療機関に搬送しなかったところ、後日、骨折していたことがわかった場合です。

学校内でのケガなどの事故が発生した場合は、在学契約論から当然ながら、学校や教員にはその生徒を救護する義務があります。その具体的な内容については、ケガの内容や程度によって異なるわけでして、軽い場合は学校内での手当で足りると思います。医療機関を受診させる必要がある場合は、救急搬送が必要か、付き添って医療機関まで連れて行くか、あるいは、生徒本人に自宅近くの医療機関を受診するように伝えるかなどさまざまです。

山崎　ご指摘のケースですと、生徒本人が保健室でたいしたことがないと言ったということは、養護の教員が、生徒のケガに対する自覚症状を聞き取っていることであり、それはケガの状況を判断する要素の一つとして考えられますので、それ自体は適切です。また、客観的な傷の状況を確認することも必要であり、それらを総合して、医療機関を受診させるかどうかを検討することは合理的です。その結果、受診させる必要まではないと判断したものの、結果的に骨折という重傷を負っていたとしても、外形的に異常があることがわからなければ責任があるとは言えないと考えられます。

今のことをまとめておきますと、養護教員は、学校内における生徒のケガや病気などの応急処置を行う責任を負っていますが、その専門的な立場からは一般の教員よりも高いレベルの注意義務が課せられるということです。もちろん、一般の教員にも救護義務はありますので養護教員にのみ責任があるわけではありませんが、一般の教員には判断が困難な場合、養護教員の判断を仰ぐといった専門的な知識を働かせることが期待されているわけです。

だから、先ほども確認したように、ケガなどの事故が発生した場合は、養護教員は直接、生徒本人に自覚症状を確認したり、その状況を把握している教員に状況を聞き取った内容も参考にしながら、ケガ自体の客観的な状況を確認して適切な措置を講じる義務があります。

ただし、養護教員の責任の範囲を考えると、学校現場では他の校務との関係で校外での職務遂行をしなければならない場合もあるでしょうし、保健室を離れている時間もあるでしょう。養護教員が複数名いたとしても、どんな時でも常に保健室に待機していなければならないと考えるのは行き過ぎではないかと思います。その際、最も大切なことは、養護教員が不在の場合の対応マニュアルをあらかじめつくり、きちんと学内の教職員で共有しておくことだと思います。

八塚　養護教員としてのケガが起きた際の基本的責任は、生徒の主観的な自覚症状の聞き取りと事情を理解している関係者からの状況把握、そして客観的な傷の状況の確認といった両側面からその後の処置を判断していくことが大切だということですね。

山崎　そうです。ただし、自覚症状については外部から確認できる外傷の場合と、そうではない場合では、その自覚症状との不一致がないかどうかや生徒の年齢によって信用の度合いも異なってくると思います。

八塚　こうした情報を元にして、医療機関に送るかどうかの判断は、明らかに軽い症状ならいいんですが、中々難しいことが多いと思います。だから、医療機関に連れて行くかどうか微妙な場合には、生徒の保護者に連絡して、生徒本人の自覚症状と外形的にわかる症状を話して、一応学校側の見立てを示したうえで、率直に相談するのがいいのではないかと、これまでの経験から考えています。

横松　確かにその方法を取れば、その後の保護者との関係もスムーズに行きますね。それに、学校がその時点で把握していない持病などがある場合に、改めて保護者に確認することで適切な措置を講じることにもつながると思います。

八塚　冒頭でも少し触れましたが、遠足や修学旅行などの学校行事は、当然ながら学

山崎

校教育としての位置づけは授業と同じですから、かなり高度な安全配慮義務が課せられることになります。その具体的内容は「教育の眼」にも書きましたが、とくに学校として、重視しなければならない項目をあげるとすれば何ですか。ここに書かれている内容は全部大切なんですが、とくに教員として絶対に落としてはいけない点は二つです。応用がきくようにあえて抽象的な言葉でまとめておきましょう。

それは、事前準備も含めたリスクの把握と、生徒も含めたリスク認識の共有だと思います。どのようなリスクがあるのかを下見などによって事前にしっかり把握しておくことがまずは重要です。そして、何に注意すればよいのかについて、教員同士で共有することはもちろんですが、参加する生徒自身にも、そのリスクをよく理解させることだと思います。

遠足や修学旅行といった非日常的な行事は、特別な教育効果を期待して行われるものでしょうから、これは現場では十分に意識されている点だとは思うのですが、あえて確認させていただくと、生徒の自主性や行動に対する責任の自覚を促すことで、生徒自身に危険を回避する力を身につけさせることだと思います。

法的には、危険に対する予測可能性の確度を高めるということと、危険を回避する手段を講じるということの二つが重要ですが、リスクの把握は前者に、認識の共有は後者にそれぞれ対応するわけです。

八塚

クラブ活動での事故をめぐって

「教育の眼」でも触れましたが、クラブ活動は授業のような教育課程の中での位置づけはなされておらず、見方によっては生徒の自主活動であり、顧問教諭のボランティアだという声も聞こえます。しかし、課外の活動であっても、文科省は教育課程との連携を重視していますし、現実にスポーツや文化活動といった一つのことに三年ないし六年間を生徒たちが自分の力を傾けること、やめたいと思ってもその困難を乗り越えて、何とか続けることができたことへの自信は、これからの人生を励まし続けていく糧にもなると思います。また文科省も教育委員会も放課後の時間の使い方としても、教育的観点での中高生の非行対策の一つとして位置づけてきたのではないでしょうか。

また別の視点ですが、スポーツ法学の入澤充さんは、スポーツというものが子どもたちの人間形成に働きかける点において、人類の文化活動の中でもとくに大切だと指摘しています。このスポーツを文化として発展させていく大きな役割を学校教育がきちんと担うべきで、たとえ教育課程外と位置づけられていても、教員の指導の下でマナーやルールなどを学ぶ場としての部活動の重要性を語っています。

山崎

新学習指導要領においても、中学校の部活動について「生徒の自主的、自発的な参加により行われる部活動については、スポーツや文化及び科学等に親しませ、各種意欲の向上や責任感、連帯感の涵養等に資するものであり、学校教育の一環として、教育課程との関連が図られるように留意する」との規定が置かれています。また理由として、「中学校における部活動については、教育課程外の活動であるものの、学校教育活動の一環として中学校教育において大きな意義や役割を果たしている」とも言っています。

そして、中央教育審議会答申の「部活動が中学校教育において果たしてきた意義や役割を踏まえ、教育課程に関連する事項として、学習指導要領に記述することが必要」だという指摘を受けて、「部活動の意義や留意点、配慮事項等を規定した」という説明もしているわけです。

したがって、クラブ活動も学校教育活動の一環である以上、部員である生徒の指揮監督義務、安全配慮義務が生じます。また、「そもそも」の話になってしまいますが、正式な教育課程ではないからという理由だけでは教員が免責されることはないと考えたほうがいいでしょう。顧問なり指導する立場になっている以上は、責任を負うことを前提に対応を考えるのが適切です。

八塚 とくにスポーツ系のクラブ活動で、その競技をあまりやったことがない教員が顧問になった場合には、安全配慮とは何を具体的にすればよいのか、あるいは専門の指導ができる先生でも、放課後は会議などが立て込んでいることが多く、クラブの練習に立ち合えない場合には、どこまで責任を負うのか、迷う点が多いのではないかと思います。

言うまでもないことですが、教員が負う責任の内容をなぜ明確にしておくのかというと、そうした点を抽象論ではなく、現場で使えるような内容にしておけば、それを意識する教員が増え、結果的に不慮の生徒事故が減少していくことにつながると思うからです。

山崎 同感です。たとえ心情的には必要だと現場の先生方が考えても、責任の中身が不明確でその線引きが曖昧だと、結局は実践されないことが多いと思います。法律家の立場だと抽象論で済ましたい気持ちもあるのですが（笑）、その責任の

八塚　中身をなるべく具体的に考えていきましょう。

そこで確認しておきたいのですが、クラブの顧問教員は複数で担当しているのが普通です。とくにスポーツ系のクラブでは体育科の教員が中心になると思うのですが、それ以外の教員も含めてその競技を中学・高校・大学などで熱心に活動してきて、専門的に指導できる顧問がいると具体的な技術指導ができますので、現場では大きな力になるわけです。

専門の顧問教員がいる場合には、練習メニューや生徒の経験の度合いなどを判断して指導されている場合が多いし、たまたま練習を見られないときには、安全を考慮したメニューや注意点を生徒に伝えるなどをしている場合が多いのではないかと思います。生徒のケガなどの対応ももちろん養護の教員と協力しながらでしょうが、スピーディーで適切な場合が多いと思います。

さて、こうした専門的な技術指導ができる顧問とできない顧問との法的責任の差はあるのかどうかという点についてですが、常識的に考えてもその差はないと考えていいですよね。

横松　はい。顧問教員の競技経験の有無などで、法的責任の差はないと考えた方がよいと思います。

八塚　そうであれば、もちろん各校でやっていることでしょうが、専門の技術指導ができる教員を責任顧問という形にして、その専門的な知識や指導経験をベースにしながら、他の顧問が適切に補佐していくことが望ましい形態になるわけですね。

でも、たとえばある競技クラブの顧問の中で専門の技術指導が誰もできない場合も当然あるわけです。もしかしたらこちらの方が多いかもしれません。

その場合は外部指導者の専門性を活用し、実際の練習などはお任せすることがあると思いますが、最終的な責任はやはり専任教諭の顧問がとる体制が必要なことから，外部指導者との綿密な打ち合わせが不可欠になりますね。

横松　今、言われたクラブ顧問の中での中心責任顧問をつくる方法は大切だと思います。先ほどの話にもありましたが、体育科の先生はその競技の専門技術指導ができる場合が多いと思います。したがって優先的に中心顧問になられる場合が多いでしょうが、専門指導ができない顧問ばかりであっても中心責任顧問を選んでおくことは、たとえば外部指導者との打ち合わせなどにおいても大切です。その日常的な打ち合わせをしっかりやっておけば、日頃の練習の引率は外部指導者に任せても問題はないと思います。ただ、ケガなどをした場合には、家庭連絡は念のために専任の顧問から行う方がベストだと思います。

八塚　ここで、これまでも専門的な技術指導者として主に公立の学校で導入されてきた「外部指導者」と、まだ中教審の答申段階ではありますが、専任顧問教員の負担軽減のために考えられている「部活動支援員」について、その相違点を含めて、法的な責任などをまとめておきたいと思います。

山崎　わかりました。まず「外部指導者」ですが、これは現在も公立学校において地方自治体の要綱などで導入をしているところがあります。その名称や役割については異なるようですが、教員以外の外部の第三者に部活動の技術指導などを委託するというものですね。ただ、対外試合に関しては、外部指導者が単独で生徒を引率することについては認めていない所が多いようです。公立学校では公務員である教員が生徒を指導するのが原則ですので、その責任を考えた場合、勝手に外部委託したり、全面的に任せてしまうのはまずいということで、法的な根拠が必要だったのだろうと思います。

中教審が考える「部活動支援員」についても基本的には同じ趣旨だと思いますが、その大きな目的の一つが、専任の顧問教員の負担軽減にあるために、法律によって根拠を与えることで、日常の練習指導だけでなく、対外的な公式試合などでも、顧問教員の代わりに監督を務めることを可能にしようとする点に特徴があります。

ただ、それらの場合でも最終的な責任は、学校や自治体にあることには変わりません。

私立学校の場合も、課外活動について「専門コーチ」として外部委託している学校もあると思いますが、その法的な位置づけは、あくまでも学校が委託先に委託しているわけですから、生徒に対する責任は、当然学校にあります。

また、委託ではなく非常勤職員のような形で、学校が直接専門コーチを採用した場合であっても、専任の顧問でない限り、そのコーチにすべて任せていたという理由では、学校の責任を免れることはできません。

それでは、ここで話を戻しまして、放課後の会議などで顧問が練習に立ち合えない場合について、どう考えるかを、対話の流れの中で具体的な内容へと進めていければよいと思います。

部活動の練習で、部員が大けがを負った。でもその時、顧問の教員は学校にはいたけれど、会議中で練習には立ち合っていなかったというケースです。

先ほども述べましたが、部活動の顧問に就任した教員は、学校における部活

横松　動が学校教育活動の一環またはこれと密接な関係にある以上、基本的には部活動が安全に行わるように立ち合い、また、ケガをしないように必要な指導を行う義務があるといえますが、問題は、その指導にあたる注意の程度はどのようなものかということですね。

山崎　大雑把に言ってしまうと、その部活動の種類、内容によって異なるとしか言えないと思うんです。たとえば運動部では、ケガのおそれが高い競技である場合や、文化部では、薬品や刃物などの危険物を扱う場合については、担当の先生方もその点は意識していると思いますが、そういった競技や行おうとする内容の危険度に応じてその払うべき注意の程度は高くなります。

それに加えて、部活動を行う生徒の競技経験や習熟度合いの差によっても注意義務の程度は異なります。たとえば、新入部員とそうではない部員とでは習熟度合いは違うでしょうし、また、新入部員であっても、それまでに競技経験がある生徒とそうではない生徒とでも習熟度合いが異なることも明らかです。さらに、部活動が試験休み明けなどで久しぶりなのか、連日行われているのかという点でも生徒の体調や慣れ具合が異なりますので、その点についての配慮も必要ということになります。

それでは、顧問の教員は常時部活動に立ち会わなければならないのかということですが、もちろん常に、部活動の練習現場に立ち合うことができればそれに越したことはないのですが、先生方の日常的な仕事量を考えた時、それを完全に要求することは現実的とは言えないでしょう。生徒の側としても、先生方が立ち合えない場合は、部活動は休止というのではモチベーションも下がってしまうと思います。

また、部活動の目的には生徒の自主性を尊重し、これを育てるという側面があるわけです。その点から考えても、その要求が妥当だとも言い切れません。

したがってこの問題は、顧問である教員が、不在にする場合の事故の発生をどこまで具体的に考えて、その対応を講じていたかという点に尽きると思うのです。そして、その判断基準を述べれば、①顧問として日常的に部活動の指導をしていたかどうか、②その指導にあたっては安全性についてどの程度配慮、言及をしていたか、③練習内容の指示の中に安全性の観点からの指示が含まれていたか、④不在時にアクシデントが起こった場合の対応があらかじめ示され、またその指示が徹底されていたか、不在時における代替措置が講じられていたか、⑤部活動の内容が不在時に行うものとして適切であったか。とくに初めて

八塚

行う内容を含んでいないか、休み明けなど体力面で不安がなかったか、危険な内容を含んでいないかといったことを、その部活動の危険性の程度に応じて判断することになるでしょう。

今のお話を現場で使いやすくするために、具体的な場面に置きかえて整理しますと、日頃からやっている練習メニューでこれまでも、とくに支障がなく、生徒たちもその練習方法をよく知っている場合には、会議等で顧問がいなくても問題はないといえるわけですね。逆に言うと、日頃と違う練習メニューを導入するときは、そのやり方について指導する必要があるし、立ち合えない場合にそうしたメニューを入れてはいけないことになりますね。

さらに、頭を打ったりする危険性があるタックルなど、ケガでも極めて危険な結果が予想されるような練習については、立ち合えない場合には、安全性がより高い違う練習メニューを入れる、マットなどの補助器具を使用する、回数や時間を制限するなどして配慮する必要もある。これは日常的にもそうでしょうが、夏の熱中症などへの対策やケガに対する注意喚起を行っておくことや、もしも事故があった場合には、その際の対応措置、顧問や日直の先生、保健室への連絡方法をあらかじめ生徒たちに、きちんと知らせておく点も重要ですね。

事故があった場合、とくに頭部や頸椎、脊髄などの損傷など、重大な事故が起こることが予想されるようなラグビーやアメフト、柔道やレスリングなどについては、練習メニューを変更して、そうした事故をあらかじめ起こさせない内容にすれば、顧問が練習現場に立ち合っていなくても許されるということは理解できました。

山崎　ただ、そのうえで気になるのは水泳部についてです。そもそも水の中にいるということは、練習メニューを変更してもそうした重大事故の危険性が高く、もちろん陸上の練習メニューに変更した場合は別として、顧問の誰か一人は必ずプールに付いていなければならないと考えてしまいます。

八塚　ご指摘のあった水泳部についてですが、急な体調悪化などにより溺れたりする可能性があり、その場合は生死の問題に直結します。ですから練習開始前の体調確認、救護体制の確立はもちろんですが、事故発生直後の対応が非常に重要であることを考えますと、その方が絶対によいですね。

山崎　最後に、先ほど出た工作者責任の問題ですが、学校の施設の不備によって生徒のケガが起こった場合は、当然その責任はかかってくるわけですね。たとえば、サッカーのゴールがさびて崩れそうだとか、フェンスやネットの基礎が不十分で倒壊した、体育館の照明が落ちてきたという場合ですね。
　このように、学校が所有する部活動の施設や用具について不具合や故障があったことを見落としていたとか、修理をしていなかったなどがあった場合は、管理が不十分であったとして、学校がその点での責任を負うことになります。とくに日頃から体育施設を利用している体育の教員による不具合の指摘や修繕の要望があったら、それをすぐに学校側が受け止めて調査する。そして、とりあえず使用を止めさせるとか、修理や買い換えを含めて、すぐにきちんと対応していくことが、結果として危機管理の一環になり、学校全体としての安心感を高めていけるわけですね。

八塚

引用・参考文献
内田良『教育という病』光文社新書
入澤充『増補版　学校事故知っておきたい！養護教諭の対応と法的責任』時潮社
中澤篤史『運動部活動の戦後と現在』青弓社

第２部

Q&A 学校内外の生活問題と法

ここでは、全国の学校の内外でよく起こる問題だけでなく、普段はあまり起こらないような問題の対応も視野に入れて、８つのケースを選んでみた。

ケース1

休日に、生徒が「キセル」をやってしまい、
鉄道会社からその生徒の家庭に
連絡を入れたが留守だったので、
学校に連絡が入ったのだが……

Q「キセル乗車」とは何ですか。

A「キセル乗車」とは、電車に乗った駅から降りる駅までのうち、一部の区間だけ有効な乗車券を使って、電車の乗り降りをすることです。

たとえば、A駅で乗り、B駅、C駅を通って、D駅で降りるという場合に、A駅からB駅の乗車券を使ってA駅で乗り、C駅からD駅の乗車券でD駅を降りると、キセル乗車となります。

キセル乗車か否かという判断の最大のポイントは、乗った駅から降りる駅までの運賃を支払っており、一筆書きでたどれるかどうかということです。もしも、その線に戻る区間があり、どんなに小さくてもダブってしまったら、それもキセル乗車となります。

さて「キセル」という言葉ですが、これは刻みたばこを吸うための道具である煙管のことを指しています。時代劇で見たことがあるかもしれませんが、両端が金でできていて途中の部分が空いている棒状のものです。つまり「最初と最後だけ金を使う」ものであるところから、この言葉が使われているわけです。

先ほどの例では、B駅からC駅の乗車券を持たずに、電車に乗るのが「キセル乗車」ですから、本来の正当な運賃を支払わずに乗る不正乗車になります。しかも、乗る駅と降りる駅の付近のごく短い区間の乗車券さえ持っていれば、それ以外のどんなに長い距離でも乗れてしまうわけです。ここにキセル乗車の違法性があります。

Q キセル乗車をした場合には、どのようなことになりますか。

A 鉄道会社との契約内容となる旅客営業規則で、その時に使用された乗車券、まだ多くの期間やお金が残っている定期やスイカ、パスモであっても、その時点で無効となり没収されます。そのうえで区間の正規の運賃と割増追徴金として、結果として三倍の額が請求されることになります。この契約は鉄道営業法、鉄道運輸規程に法的根拠がありますが、ガスや水道と同様で、契約内容を知らなくても電車に乗った時点で契約に合意したことになって拒否できません。過去のケースも調べられ、普通は数万から数十万、その期間によっては数千万円請求のケースもあったようです。

なお、これはあくまでも民事上の責任であって、これとは別に、鉄道営業法違反での刑事上の犯罪にもあたり、これによって最大で二万円の罰金刑になります。罰金とは一万円以上の金銭の支払いを求められる刑のことです。ただ、この罪は鉄道会社が告訴しなければ起訴されません。

さらにキセル乗車は全区間に有効な乗車券を持っているふりをして鉄道会社をだますことになるので、刑法の詐欺罪が成立することもあります。この詐欺罪には罰金刑はなく一〇年以下の懲役刑しかありません。なお、懲役とは原則的に、一ヵ月以上二〇年以内の期間、刑務所に拘束して所定の作業を行わせる刑のことです。

Q 各鉄道会社から、キセル乗車をした生徒について、これまでの余罪を含めた学校の調査内容の提供を求められた場合、学校はどのようなスタンスで対応するべきなのでしょうか。

A 生徒の保護者の同意がないままで、調査内容を提供すべきではありません。かりにその生徒が他のキセル乗車をした事実を認めて話したとしても、そのことと、この生徒に関する情報を鉄道会社に提供してよいかは別の問題です。その情報を提供してよいのは、その生徒の親権を持つ保護者の同意があった場合に限られます。

なお、捜査機関や裁判所から調査内容の提供を求められた場合は、保護者の同意がなくても情報を提供してよいのが原則ですが、個々のケースの具体的な事情に基づいて検討する必要があります。

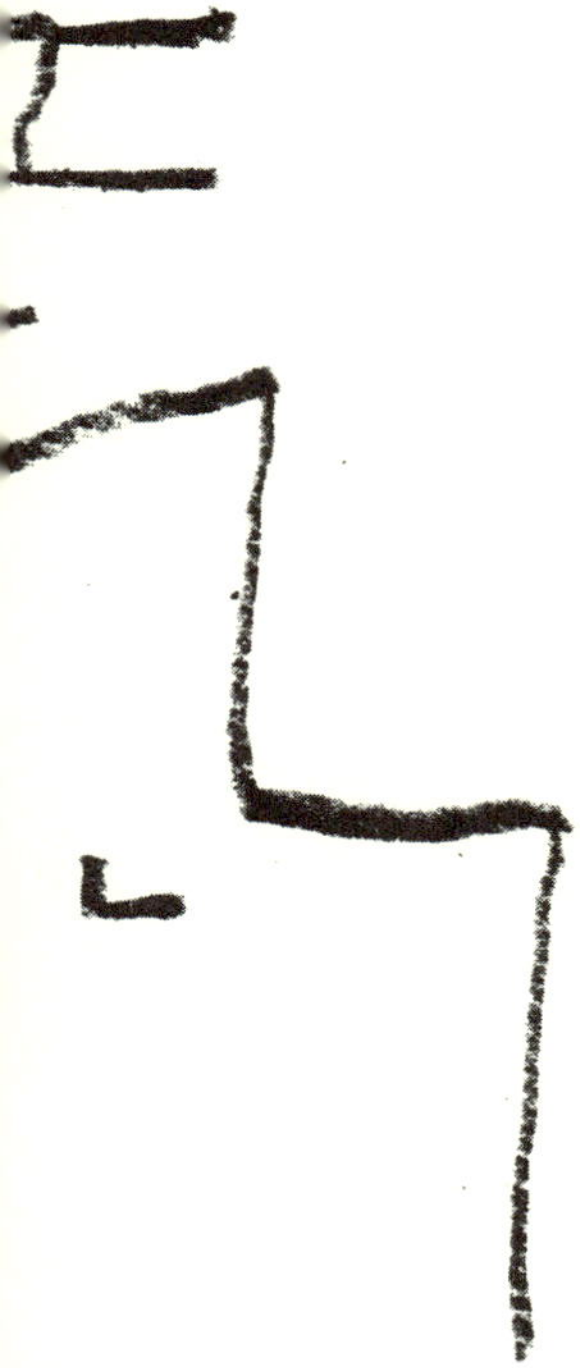

ケース2

父親が、生徒に夜中じゅう怒鳴り、
それが毎日のように続いているので、
近所から児童相談所に通報されていた。
その件について児童相談所からも
「虐待」としての
強い疑いがあるという連絡が、

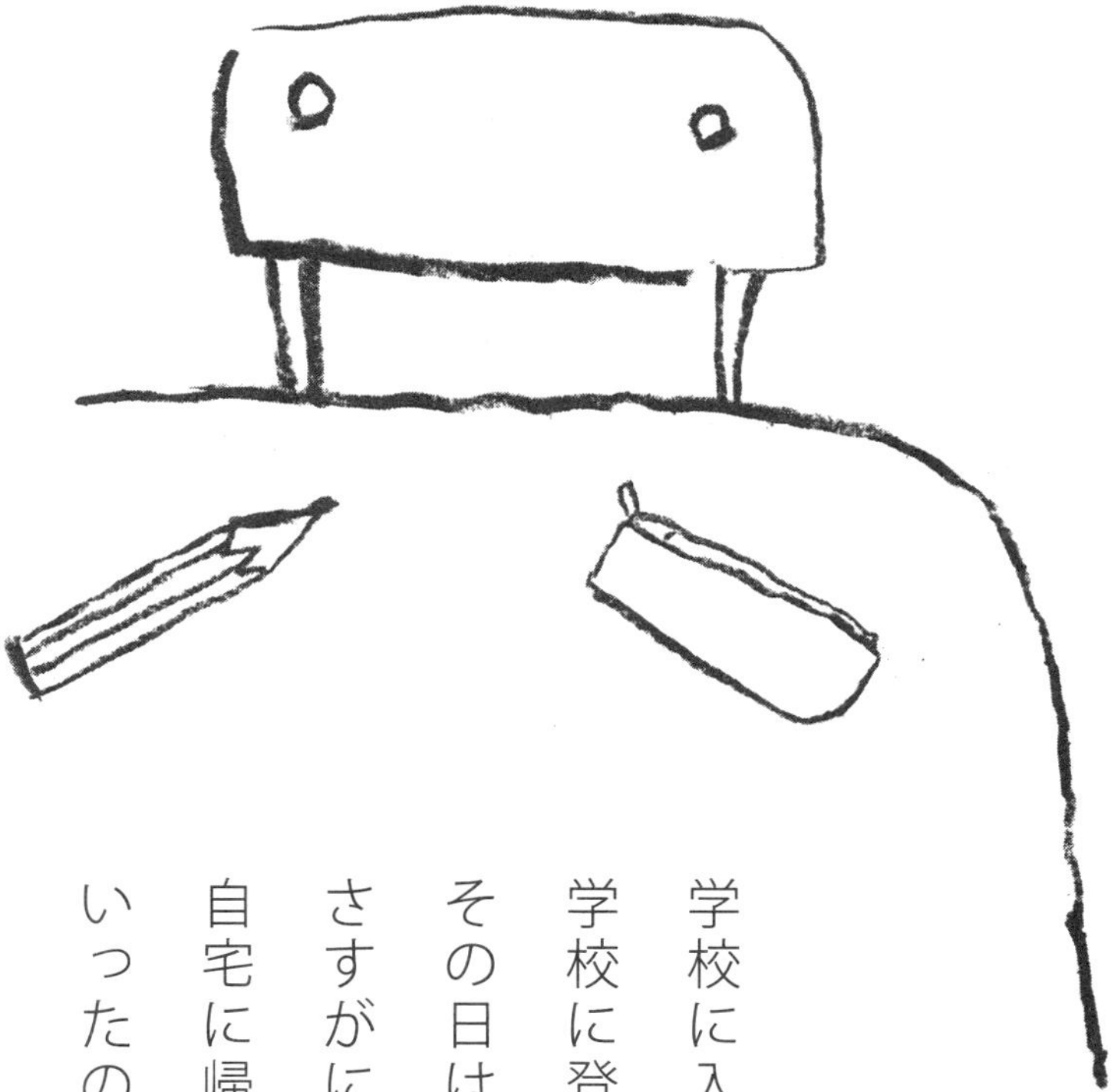

学校に入っていた。
学校に登校していた生徒が
その日は、
さすがに我慢できなくて
自宅に帰りたくないと
いったのだが……

Q 児童虐待の具体的な意味は何でしょうか。

A 児童虐待については、児童虐待の防止に関する法律に定義されています。

児童虐待には、以下の四つがあります。

一番目は身体的虐待で、児童の体に外傷が生じたり、その恐れのある暴行を加えることを指します。二番目は、性的虐待です。児童にわいせつな行為をすることや、児童にわいせつな行為をさせることを指します。三つ目が、ネグレクトといわれるもので、激しく食事を減らしたり、長時間放置したり、保護者以外で一緒に住んでいる人による児童への虐待行為を見て見ぬふりをしたり、その他保護者としての児童に対する責任を極端に怠ることを指します。最後が心理的虐待です。児童へのしつけと称するひどい暴言、ひどく拒絶する対応、児童が一緒に生活する配偶者への暴力や、その他児童にひどい心の傷を与える言動を行うことを指します。

Q 生徒が家庭で親から虐待を受けている疑いがある場合、学校はどのように対応すべきでしょうか。

A 当然のことながら、虐待が客観的に疑われる場合には、それを放置せず、解決に向かうよう対処すべきです。

児童虐待防止法においては、学校の教職員は、児童虐待を発見しやすい立場にあることを自覚し、児童虐待の早期発見に努めなければならないとされています。また、児童虐待防止法においては、児童虐待を受けたと思われる児童を発見した者は、すぐに市町村、福祉事務所、児童相談所に通告しなければならないことになっています。

保護者が児童相談所の関与につき激しく抵抗し、また、その関与につき、学校が人さらいをしたかのように抗議することも考えられます。しかし、そのことを恐れていては、問題の解決にはつながりません。

児童相談所は、通告した者を特定させる情報を漏らしてはならないことになっています。学校の教職員が通告し、保護者から抗議がある場合においても、学校が通告をしたことを答える必要はありません。また、その機会を利用して、この保護者から事情を聞くことなどを通じて、家庭における問題の解決につなげていく場合もあるでしょう。

しかし、たとえば学校に生徒がいることを保護者が知っており、学校から児童相談所へ連絡したことが知られている場合もあるかもしれません。
その場合でも、すでに「虐待事例」の強い疑いがあるという連絡が児童相談所から入っており、その生徒の気持ちも確認しているわけですから、まずは学校として児童相談所に連絡し、相談する必要があります。その結果、児童相談所の要請に応じた措置を行うことは、児童虐待防止法という法律を遵守しなければならない学校としての義務であり役割です。したがって抗議してきた保護者には、その点を丁寧に説明して納得してもらうしかありません。

Q 今回のようなケースの場合、学校側が具体的に取るべき内容や手順について、教えてください。

A このケースは児童虐待防止法で規定されている四番目の「心理的虐待」にあたるケースだと思われます。まずは、学校としてもこの生徒と十分に話をする必要があります。これまでの事情を聞き、どのようにしたいのかを確認し、家に帰りたくないという場合でも、ほんとうに家に帰らないことが最善かを含め、話し合いをした方がよいでしょう。

児童相談所長は、必要があると認めるときは、生徒を保護するために、一時保護所へ入所をさせたり、あるいは医療機関への入院や、児童福祉施設への入所などの措置をすることができます。生徒が家に帰りたくないという気持ちを固く持っており、児童相談所の関与と判断のもとで、家以外の場所に生活の場所を移した方がよいと考えられる場合には、学校側が一時保護の手続に協力していく必要があります。

一時保護の期間は、保護を開始した日から二ヵ月間を超えてはならないことになっていますが、必要があると認めるときは、引き続き保護をすることができます。なお、一時保護は行政処分であり、不服申立の対象となりますので、保護者が不服申立をすることがあります。

児童相談所は、近隣などから虐待の連絡を受け、必要があると判断した場合には調査を行います。その際、保護者に出頭を要求をしたり、生徒の住んでいる部屋に立ち入って必要な調査や質問を行うことができます。調査の結果、児童福祉施設への入所などの親子分離や在宅指導などの方針が決定されます。

ケース3

ある日の放課後、
生徒の一人が学校に電話をかけてきて、
大変なことになってしまったと泣いている。
よくよく話を聞いて見ると、
その生徒は、自転車で下校していたところ、
坂道でスピードを出し過ぎていたためか、

前を歩いていたお年寄りを
避けきれずに自転車で
はねてしまったとのことである。
そのお年寄りは倒れたまま反応せず、
生徒はパニックに陥っているのだが……

Q 自転車事故を起こした場合、事故を起こした生徒にはどのような責任が発生しますか。

A 最近は自転車にもさまざまな種類があり、中でもロードバイク型の自転車は時速四〇キロ程度の自動車並みの速度が出せるようです。最近の健康ブームのためか、自転車に乗って通勤したり、サイクリングをする人たちを街中で多く見かけます。

しかし、スピードが出る自転車は、自動車と同様に事故が起きてしまうと、人を死傷させるという最悪の結果を招いてしまうことがあります。道を走っている人とぶつかっただけでも大けがをすることもあるのですから、道を走る人の何倍ものスピードで自転車が歩行者とぶつかれば、歩行者の受ける衝撃はとても大きいことが想像できると思います。

登下校などで自転車を使う生徒がこうした事故を起こした場合の責任を大まかにいうと、懲役や罰金といった刑罰を受ける刑事上の責任と、自転車事故の被害者に対して損害賠償をしなければならないという民事上の責任を負うことになります。ここでは、自転車事故によって人を死傷させた場合を中心に説明します。

まず刑事上の責任ですが、自転車事故によって人を死傷させた場合、加害者は過失致死傷罪に問われ、負傷の場合は三〇万円以下の罰金または科料、死亡の場合は五〇万円以下の罰金に処せられます。なお、罰金とは一万円以上、科料とは一〇〇〇円以上一万円未満の範囲で金銭の支払いを求められる刑のことです。

また、自転車事故を起こした者の不注意のレベルが非常に重いと認められる場合には、加害者は重過失致死傷罪に問われ、罰金も一〇〇万円以下へと増額し、さらには五年以下の懲役や禁錮にも処せられます。禁錮とは、原則的に一年以上二〇年以内の期間、刑務所に拘束される刑ですが、懲役とは異なり、希望しなければ刑務所での作業をしなくてもよいことになっています。

自転車の運転の場合も自動車と同様に、道路交通法上の罰則が適用されますが、人を死なせてしまったり、酒酔いやひき逃げ運転などを伴ったりするような悪質な場合でなければ、加害者がただちに逮捕されるということはなく、懲役や禁錮に処せられずに済むことが多いようです。

なお、事故を起こしてしまった場合には、被害者の救護をすぐに行い、警察に通報するなどの対応を取ることが大切です。具体的には、大きなケガであれば救急車の出動を要請することや、警察に電話をするなどの対応です。未成年者でもある生徒にとっては、どうしたらよいかわからずパニックになり、逃げたくなる気持ちになるかもしれませんが、逃げることで「ひき逃げ」という悪質な事件だと判断される恐れがあることに注意しなければなりません。保護者や教員としてもそのような場面に接した場合の対応を事前にきちんと教育しておく必要があるでしょう。

自転車事故を起こした場合は、別に民事上の責任である損害賠償が、とくに加害者にとって大きな負担となり得ます。

ひき逃げなどを伴う悪質な自転車事故でもなくても、自転車で事故に遭った人が死亡し、または深刻な後遺症を負うことになった場合、その損害賠償額はとても高額となります。五〇〇〇万円から一億円程度の損害賠償が認められた裁判例もあります。このような場合、自転車事故による賠償責任に備える保険に加入していないと、加害者は高額な損害賠償責任を負わなければなりません。

なお、自転車事故によって人を死傷させるのではなく、他人の自動車などの物を壊したというケースでは、事故現場から逃げてしまう当て逃げといった事情がなければ、その事故を起こした者は刑事責任に問われることはありません。ただし、民事責任として、壊した物の修理代金分や、その物の価値に相当する損害賠償責任を負うことにはなります。

Q　生徒が自転車事故を起こした場合、保護者や学校は被害者に対して損害賠償責任を負うことになるのでしょうか。

A　自転車事故に限らず、学校内でのいじめやけんかなどによる被害者が、加害生徒だけでなくその保護者や学校に対しても損害賠償を請求することがあります。それは、十分に損害賠償をする力がない加害生徒自身に対してだけに損害賠償を請求してもあまり意味がないからです。では、自転車事故の場合において、事故を起こした生徒の保護者や学校が損害賠償責任を負うことはあるかを検討してみましょう。

まず、保護者の損害賠償責任に関し、自転車事故を起こさないように生徒を十分に監督していたとはいえない場合、その保護者が被害者に対して損害賠償責任を負うことがあります。

ここで、保護者が生徒を十分に監督していたといえるかどうかの判断はケースバイケースであり線引きが難しいです。しかし、保護者が生徒に対して自転車を安全運転することを日ごろから注意し、その生徒自身も保護者の注意を聞いて自転車を安全に運転していたのであれば、運悪く事故を起こして人を死傷させたとしても、その生徒自身はともかく、保護者までも損害賠償責任を負うことは少ないと考えてもよいでしょう。

逆に、生徒が自転車をとくに意識して安全に運転することなく、普段からスピードの出し過ぎなどの危険な運転をしていたにもかかわらず、保護者が生徒に対して「気を付けて自転車乗りなさい」といった程度の一般的な注意しかしていない場合には、

保護者も損害賠償責任を負う可能性が高くなります。

次に、学校が損害賠償責任を負うかという点について考えてみましょう。普通は、生徒が自転車に乗るのは登下校中であり授業時間外です。学校がそのような授業時間外の生徒の行為についてまで、たえず監督しなければならないとはいえず、そのような監督にあたる人がいるとすれば、それは保護者になるでしょう。したがって、登下校中に自転車事故が起きても、ただちに学校や加害生徒の担任が、被害者に対して損害賠償責任を負うということにはならないと考えられます。

しかし例外的ではありますが、特定の生徒が登下校中に何度も危険な方法で自転車を運転していたり、通学路のある場所で生徒による自転車事故がよく起きていたという具体的な事実を学校がつかんでいた場合には、事故を防ぐための指導をしなければならないと言えるでしょう。たとえば危険な運転をする生徒に対しての注意や事故がよく起きる場所を通らないように指導するなどの必要が出てくると思います。そうした指導をしなかった場合には、学校として生徒の起こした事故被害者に対して何らかの損害賠償責任を負う可能性があります。

また、登下校中ではなく、学校での放課後の課外講習や修学旅行中においては、学校や担当教員は、当然に生徒が自転車事故を起こさないように監督する立場にあります。そうした監督が十分になされていない場合には、修学旅行中などで起きた自転車事故は、学校やその担当教員も被害者に対して損害賠償責任を負うことも考えられます。課外授業や修学旅行となると生徒は開放的な気分になり、慣れない場所であることから、普段の登下校時よりも自転車事故が起きる危険性は高くなると認識すべきです。したがって学校および担当教員としては、生徒に対する自転車の安全運転についての一般的な指導を行うことは当然ですが、課外授業や修学旅行先の交通状況をあらかじめチェックするなど自転車事故を防ぐための注意を払わなければなりません。

Q 保護者や学校としては、自転車事故に備え普段からどのようなことに注意しておけばよいでしょうか。

A 最初にも述べましたが、自転車事故は時には生命を奪うといった悲惨な結果をともないます。それは、被害者はもちろん、加害者となってしまった生徒やその家族に大きな経済的、精神的負担を背負わせることになります。自転車事故は、生徒が巻き込まれる学校生活上のトラブルの中でもかなり大きなものといえるでしょう。このことを肝に銘じて、生徒のために、保護者、学校はできる限りの対策をしておく必要があります。

まず、生徒に自転車通学をさせるのであれば、その生徒の保護者は、自転車事故による損害賠償責任をカバーした保険に入ることも検討した方がよいかもしれません。

また、保護者はもちろんのこと学校も、自転車の安全運転や危険性について生徒に対してしっかりと教育することも大切です。これは、損害賠償責任を免れるために監督義務を果たしていたという意味もありますが、何よりも自転車事故によってさまざまな人を不幸にしてしまう事態を防ぐ予防策として重要なことです。自転車による登下校を認め、とくに自転車を使った行事を行う学校では、機会を設けて自転車の安全運転に関する講習を行うことも検討する価値があると思います。

ケース4

ある生徒が休み時間中に、
学校の音楽室の窓ガラスを割り、
音楽室に飾ってある肖像画に
スプレーで落書きをしてしまった。
またいたずら半分に、ゴミ箱内のゴミに
ライターで火をつけてしまったのだが……

Q **生徒が校内の物を壊し、落書きし、火をつけて燃やした場合は、どのような責任が発生しますか。**

A もうかなり古い歌になってしまいましたが、尾崎豊の歌詞に高校生が校舎の窓ガラスを壊してまわるというものがありましたね。でも最近では、自分の感情のコントロールがきかない場合や、結果がどうなるか考えもせずに、ノリでやってしまうケースも増えているようです。

もちろんどんな事情があろうとも、それで済むはずもなく、学校の備品を壊した者は、基本的に刑事上・民事上の責任を負うことになります。

まず、刑事上の責任について、わざと物を壊す行為は器物損壊罪というれっきとした犯罪行為で、刑罰は三年以下の懲役または三〇万円以下の罰金か科料となっています。たとえば、学校の窓ガラスを片っ端から割った生徒が逮捕されたケースもあります。

器物損壊という罪名からすると、窓ガラスを割るような物を壊すことだけが対象になると思われるかもしれませんが、落書きによって肖像画を使えなくする行為も、器物損壊罪の対象です。なお、不注意によって物を壊した場合は器物損壊罪に問われることはありません。

次に、ゴミ箱内のゴミに火をつけて物を燃やしてしまう行為ですが、火をつける行為は単に物を壊すのとは異なり、まわりにある物や人にも危険が及ぶことにもなるため、このような行為は器物損壊罪ではなく、放火罪に当たることになります。

放火罪は、現住建造物等放火罪が成立した場合の最高刑が死刑であるなど、器物損壊罪に比べてとても刑罰が重くなっています。学校内のゴミ箱に放火して中学生が逮捕された例もあり、いたずらや軽い気持ちで火をつけたとしても、重い責任を負うことになるわけです。

民事上の責任の方ですが、物を壊したり、焼いたりした者は、損害賠償責任という形でそれを弁償する義務を負います。このケースでいえば、少なくとも問題の生徒は、新しく窓ガラス、肖像画、ゴミ箱を調達する費用を弁償する義務を負うことになるでしょう。また火をつけた際に、たとえば他の生徒に火傷を負わせたということになれば、その生徒の治療費なども加害者である生徒は負担しなければなりません。

なお、物を不注意で壊した場合は、刑事上の問題は発生しないことはすでに述べましたが、民事上の責任である弁償という損害賠償責任は発生します。

Q このようなケースの場合、保護者が法的な損害賠償責任を負うことになるのでしょうか。

A 学校では、もちろんケースによると思いますが、高価な窓ガラスを生徒が割ってしまった場合などについては、その保護者がお詫びの気持ちも込めて、修理代金の全部や一部を弁償していることが多いのではないかと思います。ただ、厳密に法的な責任が誰にあるかとなると、もう少し細かく考えていく必要があります。

自分がとった行動の責任を認識できる能力が備わっている場合は、その人自身が、自分の行動の法的な責任を負うのが原則です。基本的に中学生以上は、こうした責任能力が認められる場合が多いと思われます。ただし、生徒にこのような責任能力が認められない場合はもちろんのことですが、こうした能力が認められた場合でも、それとは別個に保護者が損害賠償をする義務を負うことがあります。

たとえば、保護者が自分の子どもの今までの行動から、学校内で物を壊すなどの犯罪行為を起こすことを予測していたとします。それでも、とくに注意せずに放置していたような場合に、生徒だけでなくその保護者自身も、民法上の不法行為責任を根拠として、学校に対して壊した物を弁償する損害賠償責任を負うことがあるわけです。

私立学校の場合には、学校と在学契約を結んでいるのは生徒ではなく、保護者であることが一般的です。したがって、保護者は、自分の子どもが学校の施設や備品を壊すなどした場合には、契約の相手方である学校の財産を損なわないとする在学契約に伴う義務に違反したとも考えられ、この根拠からも保護者が損害賠償義務を負う可能性があります。

実際に法律上の損害賠償責任を負うかどうかは別にしても、保護者としては日ごろからこのような行為を起こさないように子どもを十分に監督する必要はあるでしょう。もちろん壊された物の損害賠償として弁償を求めるかどうかは、その所有者である学校が決めることですので、生徒の反省態度などを考慮して、生徒やその保護者に対して弁償を求めることをさし控えるのは自由です。

また、ほとんど考えられないケースではありますが、学校が生徒や保護者に弁償を求めた場合に、もしも保護者が拒否し、それが法的に認められるような場合には、生徒自身が持っているお金の範囲内での弁償ということになります。

Q 校内で壊された物が学校の備品ではなく、他の生徒の持ち物の場合、どのような点が法律上問題となりますか。

A 校内で生徒の破壊する物は学校の備品とは限りません。いじめ行為の一部として他の生徒のかばん、筆記具などの持ち物が壊されることも考えられます。このような場合でも、学校の備品を壊すことと同じで、刑事上の器物損壊罪や生徒の物を弁償するといった民事上の損害賠償責任が問題となります。

このように、生徒間でなされた器物損壊のケースは基本的には生徒間の問題であり、壊された物について弁償する責任を学校が、ただちに負うことはありません。

しかし、生徒の持ち物がいじめによって壊されていることを学校側がつかんでいたり、簡単につかむことができたにもかかわらず、とくに対策をとることなく、もう一度その生徒の持ち物が壊されることが起きたのであれば、学校が弁償する義務を負う可能性は否定できません。

ケース5

男子生徒が登校途中に、
スマートフォンで
女子高生のスカートの中を
盗撮したので逮捕したが、
生徒の家庭に連絡が取れないと
警察から学校に
連絡が入ったのだが……

Q **盗撮とはどのような犯罪ですか。**

A 盗撮とは、撮影対象になる人物に気づかれないように、カメラやビデオカメラなどでこっそり撮影することです。

盗撮は、各地方自治体の迷惑防止条例で取り締りの対象となっています。たとえば、東京都の迷惑防止条例を簡単に説明すると、正当な理由がなく、人に恥ずかしい思いや不安を与えるような行為として、公衆トイレ、公衆浴場や一般の人々が使用できる更衣室など衣服を脱ぐ場所や公共の乗物などで、下着や体をカメラなどを用いて撮影したり、その目的でカメラを向けたり、設置するなどの盗撮をした場合には、一年以下の懲役、または一〇〇万円以下の罰金としています。

また、軽犯罪法では、正当な理由がなく住居、浴場、更衣室、トイレなど人が衣服を脱いでいるような場所をひそかにのぞき見した者は、拘留か科料に処せられます。拘留とは、一日以上三〇日未満の範囲で刑事施設に拘束される刑のことです。

この法律は、盗撮の場所が公共の場所や公共の乗物に限定されていないので、盗撮の場所によっては、軽犯罪法違反のみにあたるケースもあります。

ただし、盗撮する対象が一八歳未満の場合はさらに該当する罪が増えることになります。盗撮行為によって児童ポルノの製造をした場合には児童買春・児童ポルノ禁止法に違反し、三年以下の懲役、または三〇〇万円以下の罰金となるからです。

ここでいう児童とは一八歳未満の者をいい、児童の性交の写真や、性器や胸部などを露出させたり、強調させたりした写真などが児童ポルノにあたります。撮影の場所は問われませんし、自分の意思で盗撮した場合には基本的に児童ポルノの製造にあたると考えられます。

以上のように、盗撮は刑事上の犯罪行為にあたりますし、民事上の損害賠償請求の対象にもなります。

Q 生徒が盗撮の加害者となった場合の被害者とのやり取りについて教えてください。

A 盗撮は被害者のプライバシーを強く侵害するものであり、被害者の処罰したいとする感情が処分に影響を与えますので、被害者との話し合いはとても重要となります。

被害者が特定できている場合は、被害者と和解が成立したり、被害者が加害者を許す気持ちを示してくれていたりすれば、悪質のケースでない限り、家庭裁判所での審判が開始されなかったり、処分がされなかったりすることもあり得ると思います。

ただし、盗撮の場合、話し合いをしようとしても拒否反応を示されるケースは多いでしょう。とくに被写体が児童のケースについては、まずは加害生徒の保護者や弁護士などから被害者の保護者に対して、二度と加害生徒を被害者に近づかせないことなどを約束して、謝罪の気持ちを伝えていくのが普通だと思います。

Q　生徒が盗撮の画像や動画をインターネット上でダウンロードして保存しているような場合や、たとえばインターネット上で知り合った異性に、卑猥な写真をメールで送らせたりした場合は、どのような罪にあたるのでしょうか。

A　自分の性的な好奇心を満たす目的で、児童ポルノを持っていることは児童買春・児童ポルノ禁止法に違反し、一年以下の懲役、または一〇〇万円以下の罰金となります。したがって一八歳未満の児童の盗撮の画像や動画をダウンロードして保存する行為は罪にあたります。

また、児童ポルノに当たる姿を児童自身に撮影させて写真などにする行為も、児童買春・児童ポルノ禁止法に違反し、三年以下の懲役、または三〇〇万円以下の罰金となりますので、相手が一八歳未満であれば罪にあたります。

大量の児童ポルノの画像や動画を持っていたり、多数の異性に卑猥な写真をメールで送らせたりしたような場合には、実際に逮捕される可能性も高くなると考えられます。

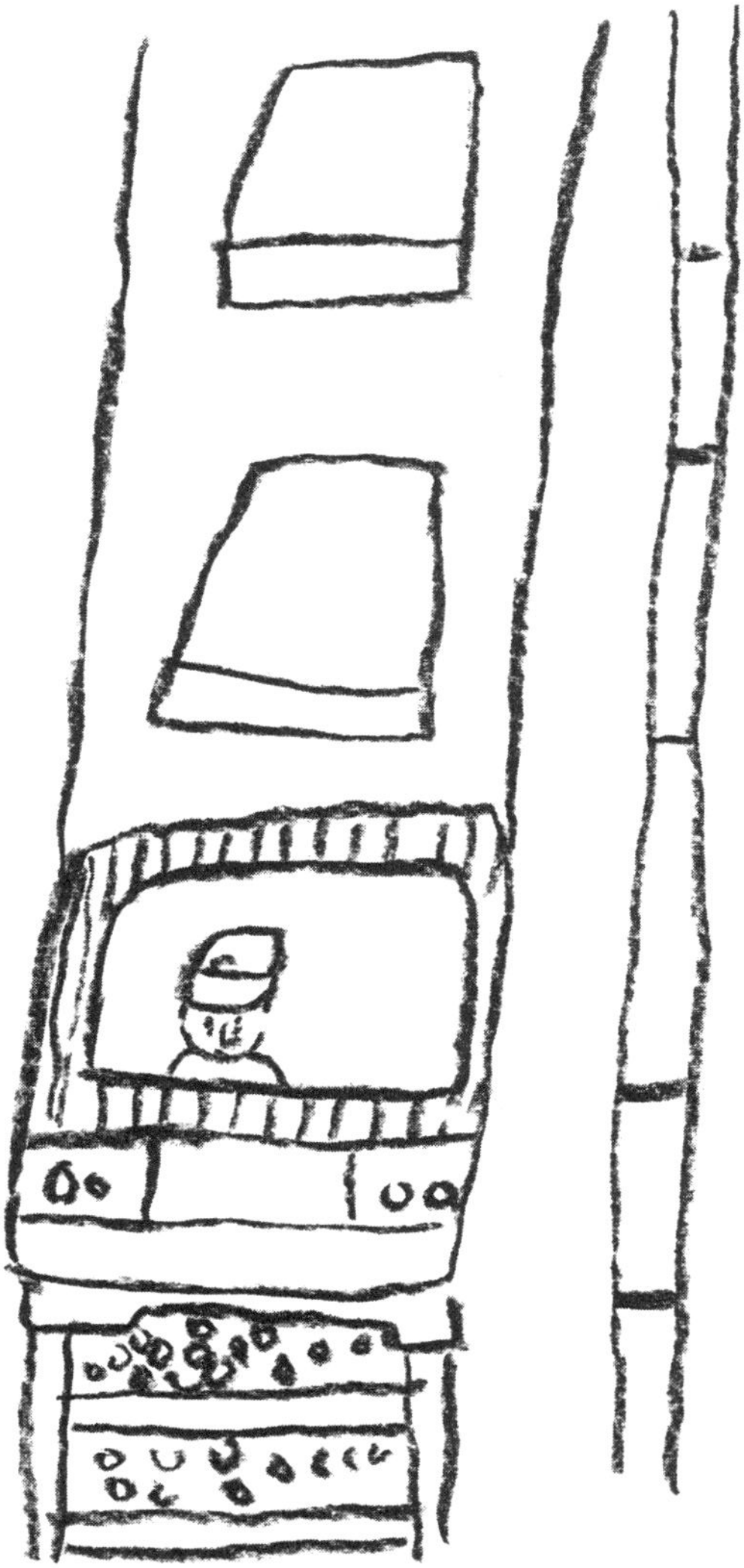

ケース6

放課後、生徒が自宅近くの
コンビニエンスストアで万引きをしたと、
警察から連絡があったのだが……

Q　どのようなものが窃盗にあたりますか。

A　窃盗にはさまざまなものがありますが、万引き、置き引き、すり、ひったくり、自転車泥棒、空き巣、車上荒らしなどといわれるものは、すべて窃盗にあたります。お金だけでなく財産として価値がある物を、それを持っている人の意思に反して持ってきてしまうことが窃盗となります。

『犯罪白書』（二〇一四年版）によると、検察庁が受理した少年犯罪の三四・六パーセントが窃盗であり、すべての犯罪の中で最も高い割合となっていますので、窃盗は最も一般的な少年犯罪であるといえるでしょう。

Q　窃盗をした場合の責任について教えてください。

A　窃盗は刑法における窃盗罪になり、一〇年以下の懲役、または五〇万円以下の罰金となります。

何を盗んだとしても窃盗罪にあたることには変わりませんが、現実的には、高価な物を盗んだ方が被害は大きいといえるため、処分は重くなります。また、空き巣の場合は住居侵入罪にもあたり、処分が重くなる傾向にあります。

なお、ひったくりの際に強い暴力を用いた場合や、盗んだ後に捕まらないように強い暴力を用いた場合などは、窃盗ではなく強盗となってしまいますので、非常に罪が重くなります。強盗は刑法における強盗罪になり、五年以上の有期懲役となります。

ところで、万引きを扱うテレビ番組では、万引き犯が商品を自分のカバンなどに入れて店の外に出たときに初めて、万引きGメンが声をかけているようですが、法的には店の買い物かごに入れずに商品をポケットやカバンに入れた時点で、窃盗罪が成立すると考えられています。窃盗の未遂ではなく、窃盗罪そのものが成立するということです。なぜなら、ポケットやカバンに商品を入れてしまうと、その商品はもはや万引き犯の支配下に置かれたといえるからです。

また、「いったん借りる」と考えていたとしても、高価な物を勝手に利用するような場合、たとえば自動車を無断で長時間乗り回すなどの行為は、窃盗罪が成立すると考えられています。

以上のように、窃盗は刑事上の犯罪行為にあたりますし、民事上の損害賠償請求の対象にもなります。

Q 生徒が窃盗の加害者となった場合の被害者とのやり取りについて教えてください。

A 万引きを例に挙げると、現在ではコンビニなどの店の人に見つかった場合には、店として警察に連絡をすることが多いようです。もし店から被害届が出されてしまい、警察沙汰になってしまったとしても、店への謝罪や被害が弁償されることで和解が成立したり、初犯かどうかなどの生徒の状況などが考慮されることで、家庭裁判所での審判が開始されなかったり、刑事処分がされなかったりすることもあり得ます。

もちろん、刑事事件として処理されなかったからといって、学校としてのその行為に対する指導や処分をすることは、また別の問題です。

したがって、警察に連絡され、被害届が出された後であっても、生徒が窃盗をしたことを認めているのであれば、保護者としては、まずは子どもに反省および謝罪をさせ、家庭としても被害店舗への謝罪と和解のための話し合いをすることが大切になります。

万引き以外の窃盗の場合についても、基本的な考え方は変わりません。

Q　校内の窃盗と校外の窃盗の違いはありますか。

A　法的には変わりがありませんが、主に以下の二点について現実的な違いがあるといえます。

一点目としては、学校が主体になって正確な事実関係を調査しなければならないということです。窃盗の疑いがかけられたものの、実際には置き忘れられていたものを預かっていただけというケースなども十分に考えられますので、学校としては、加害者や被害者、目撃者に対するヒアリングなどを丁寧に行ったうえで、事実の調査と情報管理をしなければなりません。

ただし、学校は捜査機関ではなく教育機関ですので、強制的な調査などを行うことはできません。また、関係する生徒のプライバシーには十分配慮しなければなりません。

二点目としては、校内窃盗の場合、被害者も生徒だということです。被害者やその保護者はショックを受けていたり、憤っていたりすることが考えられますので、学校のこの問題に対する取り組みや指導体制についてきちんと説明し、誠意をもって対応することが重要でしょう。

警察への被害届の提出については、最終的には被害者やその保護者の気持ちを尊重することになりますが、まずは学校が今回の事件に関する取り組みを丁寧に説明することが大切です。

加害生徒が特定できない場合は、被害届を出したことで、すぐに警察が学校に捜査で入ることは少ないと思います。学校としては警察に協力する必要はありますが、他の生徒に与える影響なども考慮して、慎重に対応するべきです。

また、もしも加害生徒が特定できた場合でも、加害生徒と被害生徒の間に入って、謝罪の機会も含めて何かできないか、その状況から具体的に検討すべきでしょう。もちろん当事者間の和解が成立した場合であっても加害生徒への処分は、とくに学内での犯罪行為ですので、それとはまったく別の問題として、検討していくことになるでしょう。

ケース7

ある男子生徒が通学中の電車内で、
痴漢をした疑いがあり、
今、取り調べているとの
連絡が、警察からあったのだが……

Q　痴漢とはどのような犯罪ですか。

A　痴漢とは、人に対して性的な言動や卑わいな行為などの性的嫌がらせをすることを言います。法律的には、痴漢罪という犯罪はなく、暴行や脅迫を用いてわいせつな行為をしたことを処罰する刑法の強制わいせつ罪や、東京都をはじめとする各都道府県の迷惑防止条例によって、正当な理由なく、人に恥ずかしい思いをさせたり、不安を覚えさせるような行為として、公共の場所や乗物で、衣服などの上から、あるいは直接に体に触れることなどが取り締まりの対象とされています。

Q　痴漢をした場合の責任について教えてください。

A　痴漢行為が強制わいせつ罪にあたる場合には、六カ月以上一〇年以下の懲役で処罰されますし、迷惑防止条例違反に止まる場合には、たとえば東京都の場合は、六カ月以下の懲役、または五〇万円以下の罰金で処罰されます。

このように、痴漢については、強制わいせつにあたるのか、迷惑防止条例違反に止まるのかが、その後の刑事手続や少年審判の進み方など最終的な処分の軽重にとって、重大な分かれ道となります。その痴漢行為が衣服の上からか、下からかという点や、どのくらいしつこく行われたかという点などを考慮して、暴行や脅迫を用いたといえるか、わいせつ行為にあたるかを検討し、強制わいせつ罪になるのか、迷惑防止条例違反に止まるかを判断しています。

また、強制わいせつ罪は、被害者の告訴がなければ起訴することができないので、強制わいせつ罪にあたるような悪質な行為についても、被害者の告訴がなされない場合には、迷惑防止条例違反の限度で処罰・処分されることもあります。

Q 痴漢の加害者となった生徒は、どうなりますか。

A 痴漢が刑事事件になる場合、電車内での痴漢行為が実際に確認され、加害生徒が現行犯として逮捕されている事実が多いのは間違いありません。そのため、痴漢事件の加害生徒は、身柄を拘束された状態が長期間続き、通学が困難となることも十分考えられます。もっとも、最近は、安易な身柄の拘束が冤罪事件を生んでいるという批判も強く、痴漢行為を認めていない被疑者に対する身柄の拘束を最高裁判所が取り消す決定をした例もあります。逮捕後は、できるだけ速やかに弁護士の派遣を依頼するなどして、弁護人を通じて、身柄解放に向けた努力をしてもらうことが望ましいでしょう。

Q 逆に、生徒が痴漢の被害者となった場合は、どのようなことが求められるのでしょうか。

A 痴漢の加害者が現行犯逮捕される場合、警察は、被害者に対してもその場で警察署への同行を求めます。被害にあった事情を聴き、その内容の記録を作成したり、衣服についての資料提供を行ったりするためです。とくに強制わいせつ罪は、被害者の告訴が必要な犯罪ですので、事件当日に告訴状や被害届けの提出を行うかどうかの判断を求められるのが普通です。被害者が未成年者である場合には、警察は保護者にも連絡を入れ、法定代理人として告訴を行うかどうかの確認も行います。そのため、事件当日については、登校できない場合も多いでしょう。

また、その後も、事件の捜査に必要がある場合には、警察や検察から事情を話すように求められることがあり得ます。このような事情を聴かれる場合には、放課後に実施してもらうなど、登校にさし障りのない日程を調整することも可能です。

Q　痴漢の被害者となった生徒は、裁判所で証言をしなければなりませんか。

A　刑事裁判になる場合でも、事件の事実関係について加害者が争わない場合には、被害者の警察や検察で述べた内容をまとめた記録が証拠として取り調べられ、被害者が裁判所で直接証言するよう求められることは、多くの場合ありません。

ただ、加害者が事実関係を争う場合には、被害者の記録が刑事裁判で証拠とすることが認められず、被害者が直接裁判所で証言しなければならないこともあり得ます。この場合、裁判は、平日の日中しか開かれないため、学校を休んで証言しなければならない可能性が高いでしょう。

このような証言については、刑事裁判は公開が原則であるため、公開法廷で証言するよう求められるのが普通です。もっとも、痴漢事件など、性犯罪の被害者保護が必要な事件は、裁判所の指揮により、傍聴人や加害者との間に「ついたて」などを設置して、被害者が第三者から見えないようにして証言させることやビデオリンク装置を設置した別室で証言するなどの措置も認められています。被害生徒の負担を考えても、このような方法を取ってもらうように検察官に要請することを、積極的に勧めるのが望ましいでしょう。

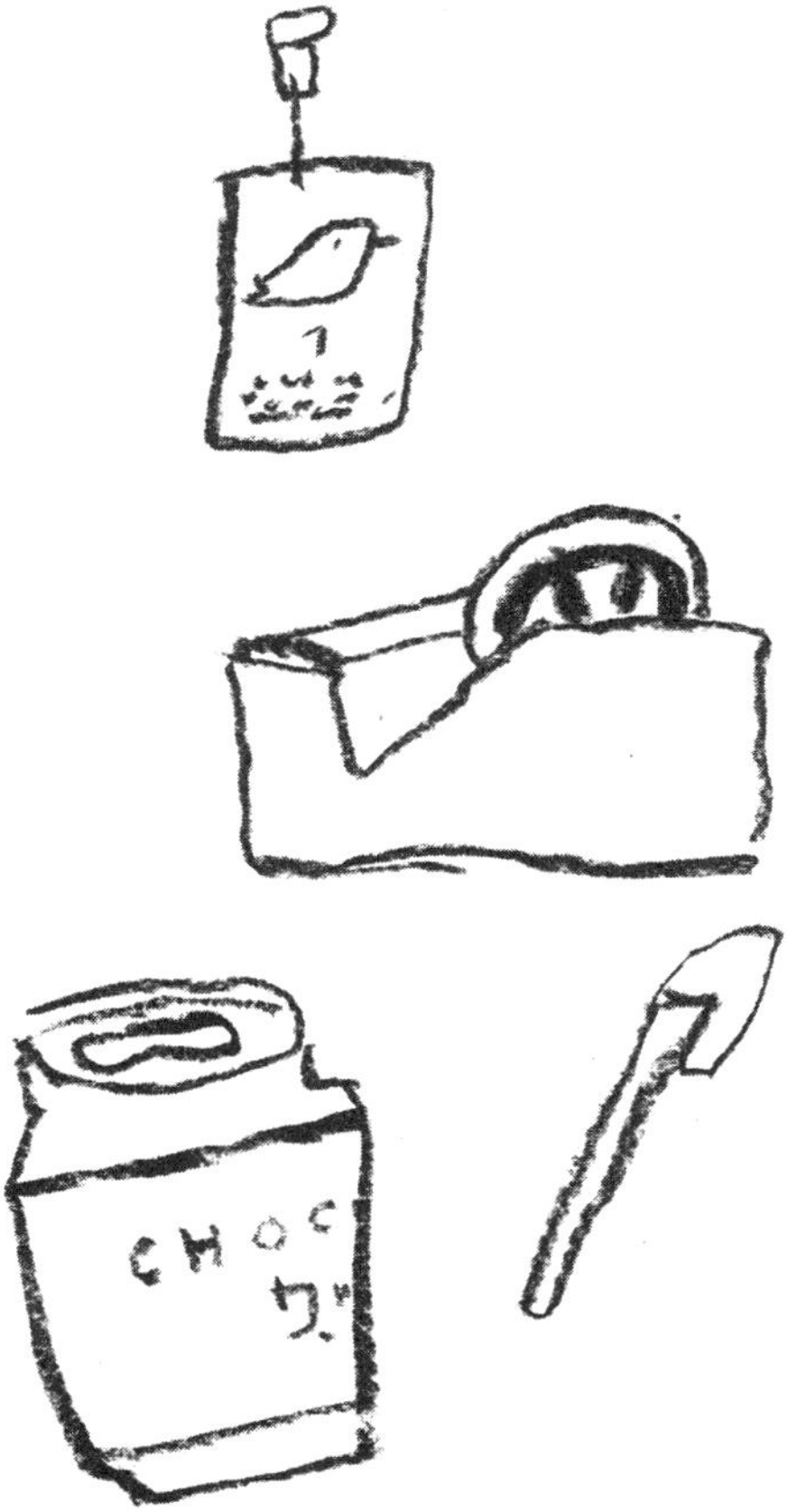

ケース8

在学中の生徒が
他人にケガを負わせた傷害事件に関して、
家庭裁判所から、
学校照会書への回答を求める書類が届いた。
学校での生活の様子など生徒の個人情報について、
できるだけ詳細に回答するよう
求められているのだが……

Q 学校照会書とは、どのような書類ですか。

A 少年事件において、家庭裁判所は、どのような処分をするべきかの判断の基礎となる情報を集めるための調査を実施します。その一つに、家庭裁判所調査官による社会調査があります。社会調査は、少年に対してどのような処遇が最も適切であるかを判断するために行われるものです。その内容ですが、少年の家庭環境や保護者との関係、境遇、経歴、教育の程度や状況、不良の経過、事件の関係、心身の状況などの事項について行われます。学校照会書は、このような社会調査の一環として、調査官が、少年の状況を調査するために、学校へ調査協力を依頼する文書です。

Q 学校照会書には、学校としてどの程度の回答をすればよいのでしょうか。

A 少年事件は、成人の刑事事件とは異なり、犯罪行為に対する刑罰を与えることを目的とするものではなく、教育上の観点から、少年の健全な育成を目指し、非行のある少年の性格の矯正と環境の調整に関する保護を行うことを目的としています。学校照会書は、家庭裁判所が、生徒の学校での状況をできるだけ正確に把握したうえで、適切な保護処分をするために、学校に調査協力を依頼するものですので、指導要録の記録などをもとに、生徒の状況をできるだけ詳しく、正確に記載することが望ましいと言えます。文部科学省発行の生徒指導提要でも、そのような対応が求められています。

もっとも、今後の生徒への教育との関係で、どこまでの情報を提供すべきか悩ましい場合もあるでしょう。そのような場合には、普通は、学校照会書に担当調査官の名前と連絡先が記載されているはずですので、電話で質問したり、日程調整して面談するなどのコミュニケーションを積極的にとることが望ましいと言えます。これにより、少年が今後どのように扱われていくのか、学校としてどのように対応していけばよいかという見通しを立てやすくなりますし、家庭裁判所から、生活指導上の必要な情報を学校に提供することを求めやすくなる効果も期待できます。

なお、学校照会書による調査内容の提供を求められた場合には、保護者の同意なしに情報提供してよいのが原則ですが、提供する内容によっては、同意を取ることが望ましいこともありますので、個々のケースの具体的な事情に基づいて検討する必要があります。

Q　家庭裁判所から、少年鑑別所にいる生徒に対しての面会や審判への出席を学校として求められたのですが、どのように対応すべきでしょうか。

A　少年事件では、少年鑑別所に収容しての観護措置や審判手続などの手続を通じて、少年に対する教育効果を発揮することが考えられています。家庭裁判所から、生徒に対する面会や審判への出席を求められた場合には、裁判所がそれによる一定の教育的効果を期待していることが普通です。とくに面会や審判などでの教員からの話が、生徒のこれからの人生にとって大きな立ち直りのきっかけとなった例も多数報告されています。したがって求められた場合は、調査官に具体的にどのような目的があるのかを確認しながら、対応するのが望ましいでしょう。

また、面会や審判での生徒の様子をつかんでおくことは、その後の学校としての指導や処分をする際の貴重な材料になる場合もあると思われます。したがって家庭裁判所からの要請がない場合でも、学校側から積極的に調査官に連絡することも考えられます。

Q　生徒の付添人である弁護士から、審判に提出する証拠書類として、生徒の事件後の

学校での生活状況や生徒指導の状況についての報告書の提供を求められたのですが、どうすればよいでしょうか。

A 付添人とは、少年事件における刑事弁護人のような立場であり、少年の権利を守り、非行事実の認定が適切に行われるかを監視するとともに、家庭裁判所と協議しながらその立ち直りを助ける活動を行う役割が期待されています。また、付添人として弁護士が付いた場合には、法律上の守秘義務も負っています。

在学中の生徒に関する少年事件では、今後の生徒の学校生活がどうなるかが、少年の立ち直りのための環境調整における重要なポイントの一つとなります。したがって付添人としては、学校や担当教員の積極的な協力を要請することが普通です。また、在宅事件や試験観察となった事件においては、事件後の生徒の様子や学校としての指導状況、今後の処分内容の見通しを含め、家庭裁判所において適切な保護処分を下すための重要な情報となります。そのため、このような付添人からの要請についても、調査官からの要請と同様に、学校としてこの生徒に対して、どのような指導や処分の内容を決定したとしても、これからの長い人生における立ち直りの観点から、積極的に協力することが望ましいと言えます。

Q 警察から、在学中の生徒が逮捕されたという連絡があった場合、どのように対応すればよいでしょうか。

A 少年事件においても、事件が家庭裁判所に送られる前の段階では、警察や検察による成人と同様の刑事捜査が行われます。逮捕段階では、弁護人以外の者は、保護者や担当教員であっても、生徒との面会が認められませんので、生徒の動揺を静めたり、生徒の状況を正確に把握するためにも、なるべく早く弁護人が付くように弁護士などを手配することが重要となります。

また、警察からの捜査事項照会については、家庭裁判所調査官による社会調査とは異なり、照会対象が犯罪に関する事項に限定されます。そのため、学校から提供すべき情報の範囲は、生徒の個人情報やプライバシーを不当に侵害することのないよう、刑事捜査に必要な範囲とする必要があります。調査官への情報提供のように教育的な観点から情報を提供する場合と比べて、回答内容も限定する必要が生じることが普通ですので、注意が必要です。

◆編著者

八塚憲郎（やつづか・けんろう）
一九五九年東京都生まれ。海城中学高等学校教諭。
二〇一〇年より、同校生活指導部長。
著書『自分をつくるテツガク』旬報社（編著）など。

山崎哲央（やまざき・のりお）
一九七二年埼玉県生まれ。弁護士・虎門中央法律事務所
二〇一四年より、東京弁護士会綱紀委員会委員
著書『取引の相手方と金融実務（改訂版）』金融財政事情研究会（共著）など。

横松昌典（よこまつ・まさのり）
一九六〇年福岡県生まれ。弁護士・横松総合法律事務所
第二東京弁護士会「高齢者・障がい者総合支援センター」運営委員会・元委員長
著書『最新暮らしの法律相談ハンドブック』旬報社（共著）など。

◆第２部担当者

藤原家康　一九七六年生まれ　弁護士　藤原家康法律事務所（担当ケース１・２）
今井優仁　一九七八年生まれ　弁護士　窪田法律事務所（担当ケース３・４）
小川嘉之　一九七八年生まれ　弁護士　羽田総合法律事務所（担当ケース５・６）
金　哲敏　一九七八年生まれ　弁護士　シティユーワ法律事務所（担当ケース７・８）

私立中学・高校 生活指導の法律相談
教育現場と法の対話
2016年4月15日　初版第1刷発行

編著	八塚憲郎・山崎哲央・横松昌典
ブックデザイン	Boogie Design
イラスト	北村 人
発行者	木内洋育
編集担当	田辺直正
発行所	株式会社旬報社
	〒112-0015　東京都文京区目白台2-14-13
	電話（営業）03-3943-9131
	http://www.junposha.com/
印刷製本	シナノ印刷株式会社

Printed in Japan.
ISBN 978-4-8451-1459-7 C0037